魔都往事

徐静波 著

上海人民出版社

徐静波

| 作　者 |

复旦大学日本研究中心教授，中国翻译协会理事。研究领域为中日文化关系、中日文化比较，专著有《梁实秋：传统的复归》（1992年）、《东风从西边吹来——中华文化在日本》（2004年）、《日本饮食文化：历史与现实》（2009年）、《近代日本文化人与上海（1923—1946）》（2013年）、《和食：日本文化的另一种形态》（2017年）、《解读日本：古往今来的文明流脉》（2019年）、《原色京都：古典与摩登的交响》（2021年）、《同域与异乡：近代日本作家笔下的中国图像》（2021年）、《魔都镜像：近代日本人的上海书写》（2021年）等16种，译著有《蹇蹇录——甲午战争外交秘录》《魔都》等18种，编著有《日本历史与文化研究》等12种。曾在神户大学、京都大学等多所大学任教。

目录

作者前记

| 一 吴淞路658号，我人生记忆的开始

3 来到吴淞路之前

9 北克俭里的弄堂和我们玩耍的天地

15 658号周边的世界

| 二 川公路一小的两年，我还没有见过川公路

31 进小学前的岁月

35 川公路第一小学

49 所有学校停课的一年

| 三 海宁路一带的影戏院

63 虹口大戏院

75　国际电影院和胜利电影院

82　群众电影院

| 四　我在南京路上念了三年半小学

89　保安坊里的弄堂小学

98　陶朱里、景和里

104　那个年代的南京东路

| 五　我念的中学，以前竟然是大清银行

119　红光中学

125　中学周边的天地

133　两次各二十天的野营拉练

141　晚秋的青浦，工厂的纺机声，还有工地上的夕阳

149　陈老师

| 六　浙江路一带的市井风景

159　从浙江路桥到老闸桥

168　浙江中路的烟火气

174　浙江路以西的界隈

188　人生的第一次出游：杭苏之行

七	我做了四年半的"办公室工人"
199	很久以后，我才知道这里以前叫"朱葆三路"
206	天际开始显出了玫瑰色
216	我决定去考大学

结　语

作者前记

　　我出生于上海，算上在北京念书的四年（寒暑假都回来）和在日本教书的若干年（也是断断续续都有回来），差不多也在这座都市里生活了近七十年了。上海开埠伊始的筚路蓝缕、草莽初辟的年代，我自然没有经历过，20世纪二三十年代的繁华与杂沓，也只是从文献中读到过一些，在影像中瞥见过几眼。

　　这本书，是以我个人的体验和见闻为经纬，写出一点局部的老上海。这老上海，不算太老，只是从自己有记忆的20世纪60年代初开始，到我去北京念书的70年代末为止，说起来，也是五六十年以前的往事了，对于今天五十岁以下的人来说，或多或少也有点遥远疏隔的感觉。80年代以后的二三十年的上海，有的人在回想，有的人在怀念，有的人在感叹，影像和文字记录已近汗牛充栋，本书就不涉猎了。《繁花》的小说和电视剧的走红，搅动了人们对80年代后半期和 90 年代前期上海的好奇心，然而，六七十年代的上海，依然也是上海，不可忽视，不可淡忘，不可轻易地翻页。我个人的体验和见闻，是极其有限的，只是一些碎片的连缀，期待有更多的同时代人，陆续来把它补足，庶几，可以把这张画面拼得稍微完整一些。

六七十年代的大约二十年间，大抵是一个色彩比较单调的年代，这期间，上海差不多没有一座像样的高楼崛起过，市区内，也几乎没有一条像样的通衢大道新开辟出来。原有的楼厦屋宇，多半只是更加暗淡，都市的灯光，大都也失去了原来的炫亮。中国被卷入了长久的政治骚动，很多人的精力，也被消耗在了喧喧嚷嚷的无益的纷扰中。然而，人们的生活依然要进行，在整体沉闷闭塞无聊间或也相当疯狂的氛围中，依然有鲜活的人生故事在发生，在有些陈旧颓败的街巷中，依然有盎然的生气在洋溢出来。上海人依然以自己的一点聪慧和情热，在有些暗灰的日常的墙面上，抹上几许鲜亮的玫瑰色。这部分的内容，主要依靠我的记忆。记忆难免会不可靠，好在，从 70 年代初期开始，我已开始记日记，为了使这些往事显得有点即时的临场感，在有些部分，我抄录了当时的日记（这些日记也烙上了浓郁的时代色彩），除了修正错别字之外，不做任何的改动。

除早年研究梁实秋的一些著述外，这是我三十余年来写的第一本几乎与日本完全无涉的小书。当然，这本书也没有任何研究的成分。

这本书，是在上海人民出版社张晓玲老师的热情鼓励、鞭策下完成的，在此谨对张晓玲老师和本书的插画师、编辑以及出版社，表示由衷的感谢。

2024 年 1 月 18 日，一个冷雨潇潇的冬日
于上海清风阁

一

吴淞路 658 号，
我人生记忆的开始

来到吴淞路之前

　　我的人生的起点和终点，或许都与虹口结上了缘，至少，起点肯定是这样。

　　听我大舅父大舅母说（我的父母很少跟我说起往事，他们早早的离世，使我幼年生活的图景，成了断片），我出生在虹口东北部霍山路舟山路的"中国医院"里，这家医院规模还不算小。大舅母说，建筑大抵如同今天还留存的犹太人集聚区的房子。这一街区，很多年以后，我独自骑着自行车到那里去转过，略有些 19 世纪英国的住宅风格，假三层，圆拱门窗，青砖外墙，廊柱式的外立面和拱形的门窗上部饰有红砖，顶部也是红瓦，假三层部分是尖尖的三角形和锥形，呈波浪形彼此相连。上面同样开设拱形的窗户，这一部分，在西方建筑中，大概称为 loft（阁楼）吧，上海人会把这假三层上的窗户称为"老虎窗"。据大舅母说，我出生的医院，也是这样的房子。十多年前我去怀旧，房子已很破败了，假三层上又搭建出了许多违章小屋，显得杂乱臃肿，楼门下，沿着窄窄的人行道（上海人称为"上街沿"），一些无所事事的男性居民（间或也有身形粗壮的中年女性），在那里打康乐球、玩纸牌，或是聚在一起，有一搭没一搭地抽烟聊天。唯有邻近的霍山公园，刚刚修整一新，不过除了几棵大树还有些婆娑的风姿，大抵没有什么情趣。

后来了解到，这处霍山公园也很有年头了，建于 1918 年，以前还有个洋名，曰 Studley Park。说起霍山路，以前也不是这个路名，因为是由黄浦江边的汇山（Wayside）码头一路延伸过来的，而叫汇山路（Wayside road），1943 年 8 月初，汪伪政府在日本人的"许可"下，"收回"了之前的公共租界和法租界，那些带有洋味的地名路名，都改以中国的人名和地名了（比如极司菲尔公园改成了中山公园），汇山路就改成了今名。何以要用安徽省霍山县来命名，未及考究，大概是霍山与汇山的发音相近的缘故吧。

我母亲出生在上海，上海话是她的母语，但会带有一点宁波口音。我的外祖父母（我们都叫外公外婆），年轻时从宁波（那时曰浙江省镇海县大碶镇）到上海来谋生，定居前，外公曾在一艘很大的外国货轮上当轮机工。后来外公的一间小小的卧室内，"文革"之前一直挂着一张镶着镜框的大照片，就是那艘外国货轮，冒着黑烟，雄壮地行驶在洋面上。我想那张照片，会使外公回想起许多青春岁月吧。外公随着轮船走了不少地方，诸如吉隆坡、新加坡等，也去过日

霍山路舟山路一带的老房子

本，我记得还带回来一对日本大正时期的茶碗，薄薄的有些透明的白胎，上面有身着和服的娉娉婷婷的日本女子图绘。在那个阶级里，外公也算是见过一点世面的人了。在外轮上供职几年后，攒了一点钱，于是就在今天的大连路长阳路口的地方开了一家杂货店，从此在上海定居下来，生活还算安稳，算是外来移民在上海落下了脚。1937年八一三抗战爆发后，店铺和居所被战火所烧毁，他不得已四处逃难流浪，后来在兴中梭子厂里做了一名技术工人，就在距厂不远的惠民路507弄（景福里）11号居住下来。青壮年时国破家难的悲惨经历，使得我外公一辈子都对日本没有什么好感，我记得，在他的口中，日本人一直被称作"东洋人"。直到后来中日邦交正常化后，尤其是20世纪80年代以后，五光十色的日本电器蜂拥而入，大受欢迎，外公说起日本时，脸上才消去了早年的怨气，也会在黑白电视机上，津津有味地看日本的电视剧。外公外婆两人，一辈子都说宁波话，一生克勤克俭，朴厚善良，都活到了九十多岁。

我母亲和父亲的结缘，是因为外公的撮合。1937年出生的母亲，念过几年小学，脑子颇为聪明，手也巧，简单的阅读和计算都可以。家里总也有些重男轻女，母亲说，她很小就担当了洗洗刷刷的家务，也跟着大舅一起到街边摆过地摊。我在大学里读了日文专业以后，她把小时候跟着一个邻居男孩学唱的一首日文歌唱给我听，当然音走得很厉害，而我竟然听懂了开头的一句，应该是"わたしは十六の娘"。

当然我母亲完全不知道是啥意思。抗战胜利后，母亲曾在路上被一个骑自行车的美国兵撞倒，众人路见不平，追上去拦住了那个美国兵，后者赔了一点钱，而母亲却吓得躲在一边。到了 50 年代，母亲有幸进了一家灯具厂做工，在夜校里又读了一点书，后来就能看小说了。

我父亲的老家，在我外公外婆的祖籍地镇海大碶五公里之外的新碶，更靠近海边，现在都被划入了宁波市的北仑区。也是家境比较贫穷，14 岁的时候到上海来投靠一家算是有点小家产的远亲，先是帮着做一点照看小孩、洗刷痰盂这样的杂活，后来进了我外祖父供职的兴中梭子厂。父亲长得浓眉大眼，口鼻俊朗，乍一看，眉宇之间似乎还有一股英气，为人又谨慎小心，于是就由外公做主，把母亲婚配给了父亲。那一年，长着水汪汪大眼睛的母亲，才 18 周岁。母亲后来一直嘲笑父亲，说是连像样的婚宴也没有办过，只是在一家吃西点的店铺，请了一些亲友长辈喝过一次茶。婚后据说曾在黄浦区的厦门路上租赁过一间小房子，算是婚房了。不过好像不常去居住，大半时间居住在距离外祖父母家很近的一间亭子间里。那个时候，大家虽然都没有什么钱，日子过得还算安稳，毕竟，战乱没有了，一波又一波的政治运动，与我父母这样的阶层，好像也没有什么关系。当然，那些岁月几乎都没有在我的头脑里留下什么印痕。我父亲一辈子都不会说一口纯正的上海话，那时厂里的工友多半是宁波出身，宁波话是畅通无阻的，而我外祖父母又是同乡人，所以父亲至死，都不会说像样的上海话，屡屡遭到母亲的嘲讽。不过我母亲与我父亲一样，都不会说词能达意的普通话。母亲后来跟我说过一件事，60 年代初，一拨厂里的同事，坐了二十几个小时的火车到北京去出差，出了火车站，人生地不熟，找不到下榻的旅馆，向人询问，对方也听不明白，只能把双手做枕头状，头靠在手臂上，表示是睡觉的地方，才勉强讲通了。以前的上海，在语言上，就是这样一个好玩的城市。

北克俭里的弄堂和我们玩耍的天地

大约在 1959 年年末，我外公把原来在惠民路的房子进行调剂（那时好像已没有了房屋买卖，个人不得拥有私人房产），搬到了吴淞路 658 号沿街的一处房子里来，在里弄上，属于北克俭里。吴淞路是在上海开埠以后的 1856 年开始修筑的，得名于宝山的吴淞镇，南端自苏州河北侧开始，呈南北走向，往北一直到虬江路结束。我多年前研究早期日本人岸田吟香（1833—1905）在上海的履历和观感时，依据的就是他写于 1866 到 1867 年的《吴淞日记》。这部日记并不是写于宝山县吴淞镇，而是吴淞路上的一处住所，带一个小小的庭院，可见那时吴淞路上的房子并不密集，从他的记述来看，道路也比较荒凉。但不管怎么说，那个时候，吴淞路已经有了。上海的门牌号码，一般都是自南向北、自东向西数起，到了 658 号，已接近北边的尽头了。

在外观上，这是上海比较典型的石库门房子，北克俭里的正入口在吴淞路652弄，进口是上海人所说的"过街楼"，即弄口上有房子。弄内有两条弄堂，都呈东西走向，一条就是与弄口直通的，南侧沿嘉兴路（现改为四平路的一段），弄堂的北面是建筑的后门，南面是前门，前门进去有一个小天井（即很小的四方形的前庭）。进门的底层，上海人叫客堂间，一般一侧有厢房，面积宽大的住所两边都有厢房，即所谓的东厢房、西厢房。因天井外的黑漆漆的大门平素都是关闭着的，未能窥其堂奥，我也不清楚里边是单面有厢房还是两面有厢房，有的甚至连一面也没有。客堂间的上面，即二楼，是前楼，这通常是石库门房子中最佳的部位。后来住房紧张，住户增多，甚至把客堂间和前楼一分为二，称为前客堂、后客堂，或前楼、后楼，住在后面的，往往是黯淡无光，空间逼仄，通风欠佳。二楼朝北的，便是亭子间了，一般只有八个平方米左右。郁达夫写的小说《春风沉醉的晚上》中，主人公就居住在这样的亭子间里。前楼与亭子间之间，有一个窄窄的暗暗的木制楼梯，三楼的后面（北向）通常是一个晒台，前面是假三层，可以住人，有的有老虎窗，西方谓之loft，不少落魄的艺术家往往在此借居，或许，还会有些琴声从门缝和窗隙间飘然而出。不过上海的这些地方，基本上与浪漫无关，人们只是在一个逼仄的空间里，谋得一点可以躺平的方寸之地而已。

在我的印象中，朝嘉兴路一面的居民，层次似乎比较一般，也不乏工人大众，彼此之间时常会串门来往，正门面向弄堂里边的人家，似乎以医生、小资本家、教师等居多，大都是黑漆漆的大门紧闭，很少传出声响，弄堂的这一侧，显得很安静。

我们随外公外婆一起迁居入住的 658 号，是典型的石库门房子，在结构上有若干的区别。正门向西，朝向吴淞路，在上海，被称作"街面房子"，没有黑漆漆的大门，没有天井，自然也没有厢房。进门开在北侧的一隅，因为沿街，窗户比较高，以避免路人的窥视。进门后本来是一个大客堂，不过那个时代，住房紧张，于是就自己用木板隔出了一个后客堂，用作我大舅和大舅母的正房，为避免这一空间陷入完全的黑暗，就在外侧开了一排比较高的窗户。由于居住人口实在太多（我外公外婆共有七个子女存世，长女也就是我的大姨妈，随"支内"的丈夫迁居到了重庆市），就在客堂的上半部搭建了"二层阁"，大人无法直立，左右放置了两张床，纯粹是寝室而已。底层的尽头，原来应该是一个"灶披间"，也就是厨房，被用作了我外公外婆的卧房，大概只有六个平方米，有一个较大的朝东的窗户。在幽暗的楼梯和原本的"灶披间"之间，另外开辟了一个更暗更小的"灶披间"，从我有记忆起，这里已有了煤气灶，成了烹制十几口人饭菜的厨房。在通往后门的狭窄的过道上，安装了一个水槽（上海人叫"水斗"），旁边做了一个小的操作台，可供切菜等之用。当然，还在没有光照的角落里，放置了两个马桶（家里的男性居民，无论老少，尽可能在外面的公共厕所内解决大小便问题）。真的，几乎所有的空间都被毫无遗漏地利用了，这也实在是一种无奈的生活智慧。

我们自己一家（父母以及我们兄弟俩）的住房，就是二楼的亭子间，我弟弟早先有几年被寄养在我宁波乡下的外祖母那里，大概三岁的时候回到上海，我们兄弟俩后来就被安排睡在"二层阁"里了。现在看来，也真是有些心酸，不过在那个年代，大部分人家都是如此，住房阔绰的，真的是凤毛麟角，当然，在昔日的法租界那一带（我们称之"上只角"），还是有不少人住着大房子，只是在我们的平民世界里，很少有相交而已。

以我外公为首的我们这一大家，祖孙三代同居，共有三户人家：我外公外婆一家，大部分的阿姨舅舅那时都还小，都在念书；我大舅一家，大舅有三个儿子；我父母一家。外公外婆待人热情和善，不久这间房子就成了周边居民的一个中心点，春夏秋冬，都陆续会有各类邻居过来闲坐，尤其是秋冬天，遇到晴日，在门口可以晒太阳，大家围坐在一起做着手工活（织毛衣、纳鞋底等），负暄畅叙，气氛融融。到了夏天，太阳落下后，就从后门的井里打来几桶凉水浇洒在地面上，消减一点晒了一天的炎炎暑气，晚饭后，在上街沿和马路之间，搁上几块木板，小孩就脱了鞋在板上嬉闹玩耍，大人则搬出竹椅板凳，摇着芭蕉扇，谈论着各色消息和传闻。没有电视机，没有手机，没有任何电玩，甚至也没有留声机，连家里的一台老式收音机（上海人叫"无线电"），

夏天晚饭后，在弄堂口

也固定在大舅的房间里。那时也禁止打麻将，一切的娱乐和新闻，都来自口对口的交谈。那时候这一段的吴淞路，几乎没有汽车，远近也没有任何高楼，街巷有些逼仄，天空却显得辽阔，市尘有些喧嚣，却很少有尖利和高亢的声响。

那是 20 世纪 60 年代上半期的风景。

658 号周边的世界

那时从嘉兴路到虬江路的最后一段吴淞路，不是柏油马路，路面用小石块铺设（上海人俗称"弹硌路"），有些高低不平，步行还马马虎虎，骑自行车很不顺畅，屁股有些疼痛，那时候叫作"吃弹簧屁股"。

658 号的南侧，656 号，底层的一户人家，来自苏北，女主人个子有点高高大大的，脸上常年荡漾着笑意，我们都叫她毛毛姆妈。在其家南侧的 654 号的理发店（那时都叫"剃头店"）里理发的，全家来自苏北，除女主人之外，其他人似乎都有些内向，不大与邻居来往。654 号的理发店，好像是街道还是哪里开的，是一家平民的理发店，单开间的门面，左侧一扇小小的门进去，里面没有任何装饰，靠右侧放了几把理发椅，几个有点上了年纪的苏北师傅，既不热情也不冷淡，比较敬业地做着自己的事。那时上海的理发行业，大抵是扬州人的天下。我记得，那家小理发店，男子理发好

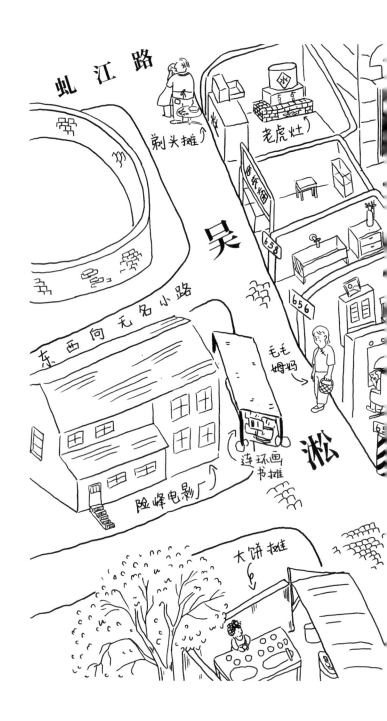

过街楼
（北克位里入口）

店 油 粮
糖 果 店
嘉 兴 路

658 号周边的世界

像是一角五分，若要洗头，再加五分，我们家就近在咫尺，为了省钱，洗头就尽量自己解决了。

理发店的南侧，就是过街楼了，北克俭里的入口也是附近一些男孩的风雨玩乐场，下雨天可以遮蔽一下。不记得那时有铁门装置，任何人都可以自由出入。20 世纪 60 年代上半期，即便谈不上路不拾遗、夜不闭户，但偷盗夜袭者，几乎没有。户口制和粮票等票据制度的严格实施，杜绝了一切移民的可能，除了本地的居民（虽然之前也几乎都是来自各地的移民），几乎见不到完全陌生的面孔，再加上那时的人们，头脑上都绷紧了阶级斗争的弦，"防奸防特"的意识很强，稍有可疑形迹的人，都会成为众矢之的。那一时期的治安，真的很好。

隔着过街楼弄堂口的南侧，已经接近街角了，是一家水果店，我记忆比较清晰的 1964 到 1966 年间，水果的供应还是比较充裕的，印象较深的，是山东莱阳梨和浙江平湖的西瓜。

莱阳梨形体呈倒卵形，个头较为硕大，表皮虽然有点粗糙，还有细小的褐色斑点，却是汁水丰盈，肉质细腻，甘甜爽口。小时候我记得的梨（上海人叫"生梨"），似乎就是莱阳梨（不知为何，店员用上海话大声吆喝的时候，把它叫成"莱阳恩梨"，为何是恩梨，还有待稽考）。其后有一种个头小小的"上海蜜梨"，皮色青褐，倒是挺甜，但个头太小，模样也有点难看，后来就渐渐消失了。近来似乎又有复活的迹象，但上海，终究不适合梨的生长。那时限于物流，新疆的库尔勒梨见也没有见过，砀山梨一直不少，但声名似乎一直在莱阳梨之下。有一年（我记得是 1966 年夏秋），水果店里来了一大批梨，不记得是莱阳梨还是砀山梨了，那一年"文革"刚刚开始，大概是红卫兵的串联影响了水果的运输，总之，烂了一大批，有的还烂得很厉害，几乎半个都坏了。那是个物资匮乏的年代，烂了也不舍得丢弃。于是店员全体出动，用小刀把溃烂的部分剜去，分成三部分，没有怎么溃烂的，七分钱一斤；有部分溃烂的，五分钱一斤；溃烂比较严重的，三分钱一斤。那在当时，也是非常低廉的价格呀，消息一传出，远近的居民蜂拥而至，赶来抢购，迅速排起了长队，队伍一直沿着弄堂口拐到里面，长长的一串，大人小孩彼此喧喧嚷嚷，敲敲打打，好不热闹。那时购物，店家一般并不准备容器，没有塑料袋，也没有纸袋，都要购买者自己带去的，于是张家拿着脸盆过来，李家拿着铅桶过来，或是提着竹篮，拿个大钵。每家每户都会买个十来斤或更多，因为便宜。

至于西瓜，那时后来的解放牌西瓜以及再后来的 8424 之类，还没有培育出来，说起西瓜，就算是平湖西瓜了，大个的，椭圆形，红瓤黑子，当时也觉得很甜了。具体多少钱一斤，我有点记不清了，但是要买整个的西瓜，就算有些奢侈了，多是切开来卖，放在一个玻璃匣子里。晚上亮起了电灯，记得店员用上海话高声吆喝着："沙拉里甜额啦，三分五分买一块啦。"小的三分一块，大的五分一块。几十年后，中国人有机会到日本去，看到日本西瓜奇贵，不少店家都是切了块来卖，便嘲笑日本人派头小，西瓜竟然还一块一块卖。殊不知，以前中国人（当然不只中国人）也是这样的。到了"文革"后期和"文革"结束初期，连一块一块的西瓜也见不到了，一般的人即使有钱，也买不到西瓜，要凭了医院里的发烧证明，才可以买到一个小小的、僵僵的西瓜。物资短缺、物品匮乏的体验，70 年代中期以后出生的一代人，大概都很难想象。

　　水果店再往南，就完全是街角了，要转向东面了。紧靠的是一家粮油店，至少有两开间的门面，一长溜的对我们小孩来说有点高的柜台，买东西得踮起脚来。那时候几乎所有的物品都是零售零卖，液体的诸如黄酒、酱油、米醋等，都是自己带了容器去零拷的，大豆、绿豆、大米等，是自己带了布袋去购买的。买米最为有趣，柜台外侧有一个狭长的口，称好分量后，店员便叫你把米袋打开紧紧贴在放米的出口处，按一个小机关，米便顺着出口倒入你的米袋内，自己用麻绳把袋口扎紧，驮在肩上扛回家去。住在吴淞路的时候，我因为还小，没有驮过米袋（后来移居到浙江路桥边上后，由于个头渐渐长大，买米几乎就成了我的专职，那时候距离远，要驮不短的一段路，还要沿着陡峭黑暗的楼梯扛上三楼的家里）。

　　那时候一般上海人喝酒，喝的几乎都是黄酒，又叫绍兴酒，我们都称为"老酒"，应该也有加饭、花雕和女儿红之类的区别，那时候好像没有那么讲究（当然只是底层社会不讲究），都是零拷的，买一斤或几斤，记得是三角一斤。很少喝白酒，偶尔会买一点五加皮和绿豆烧之类调制过的药用白酒。七宝大曲的名字，是后来才听说的，茅台之类，还完全没有进入中下层的社会。瓶装的啤酒，当时也多少有点奢侈，好像很少进门。我们一大家人，酒量似乎都不怎么样，外公能喝一点，但完全不贪杯，当时酒量最大的算是我的父亲了，也只是半斤黄酒的量。我从小受到特许，居然也被允准喝酒，当然也是浅尝辄止了。那时的酱油和米醋，好像也只有一个种类。偶尔做点炸猪排，要去买一瓶特制的黄牌辣酱油，那就有点高级感了。

粮油店的路对面，有一家用棚帐搭建起来的饮食店（大致是现在"味美思大酒店"的位置），只是卖一些简单的吃食，我们俗称大饼摊，早上有时候会到这里买大饼油条。不过，即使今天最平民的大饼油条，那时对我们来说，也是有点奢侈的食品。平素的早饭，只是吃泡饭，下饭的，是蘸点酱油的半根油条（一根油条两个人分），或是一汤勺（上海话叫"调羹"）掺了水、放了一点盐的花生酱。从大饼摊那里飘来的油炸食物的香味，也每每让人垂涎三尺。

粮油店的另一边，是一家糖果店，已在嘉兴路上了。在我们小孩的心目中，那家糖果店有点"高大上"，也有些洋气。在那个年代，糖果已不是必需品，而是有些嗜好品的感

1947 年《上海市行号路图录》中的
658 号周边

觉了，玻璃罐里的五色缤纷，空气中荡漾着的淡淡的香甜，常常刺激着中下层家庭小孩的欲望和憧憬，大多的场合，也只是远远地望几眼而已。只有那些收入较高的人家会经常光顾，我们更多的，只是看看，以视线的投射来解解馋，而对糖果包装纸（我们叫"糖纸头"）的搜集和欣赏，则又是一件孩童时的赏心悦目的享乐事了。夏天，这里会卖冷饮，赤豆棒冰、绿豆棒冰、盐水棒冰，也常有购买，至于一角几分二角几分的冰砖，多半只能看看了。

糖果店再往东，好像就不大有店家了，早年记得有一个 14 路电车（至今还顽强地活着，只是"辫子"渐渐看不见了）的站点。再往东北，有一条小河，不知是叫俞泾浦还是叫虹口港，河水从来没有洁净过，但也没有太污浊。以前上面是有桥的，现在这一段河面看不见了，自然，桥也没有了，嘉兴路的路名也取消了，与四平路连成一体，都叫作四平路了。60 年代的前半期，三五个小伙伴（大抵都是七八岁或十来岁）会到那里去玩耍，河边有时候会堆积着一大堆的黄沙，我们在沙里挖一个深洞，上面搁置几根小竹片和几张废纸，再用黄沙掩盖上，然后引诱其他的小孩踩上去，一个脚深陷其中，此时，恶作剧者哄然大笑。从他人的落难中获得某种欢乐的根性，大概与恻隐之心一样，也是天生潜隐于人性中的。

从吴淞路上的北克俭里弄口进来，直通的是一条弄堂，向左拐，是 658 号一排房子的后门，有一条支弄，有一个垃圾箱，恰好对着 658 号的后门。这让我们一家有些痛苦，后来几经交涉，垃圾箱被拆除了。支弄内，还有一口井，平素不打开，"爱国卫生日"时，会打开汲水，用来清扫地面和犄角旮旯，夏日时分，也会打开，让居民用来沉浸瓜果（那时完全没有冰箱），或是在黄昏时分洒在地面上，增添几分清凉。从支弄向东右拐，是北克俭里的第二条弄堂，与第一条平行，一边是第一条弄堂住户的后门，另一边是第二条弄堂住户的前门，两条弄堂的格局完全相同，只是这里更安静，也极少见到住户的小孩出来玩耍，在这些住户的眼中，我们这些野在外面的孩子，差不多都是一些"野蛮小鬼（ju）"。

两条弄堂的东端都是开放的，由一条铺着小石块的支弄，可通向另一个里弄，曰"三德坊"，即嘉兴路 59 弄。我们常常会"越界"到那里去玩，但总觉得那是别人的地盘，不敢太放肆。北克俭里的一条横向的支弄，另一端自然也是开放式的，尽头是另一条弄堂吴淞路 670 弄，南侧是北克俭里人家的后门，北侧可拐入"寿德里"。这里也是比较典型的石库门房子，但格局不同。一条宽大的主弄，两侧各有几条较短的尽头不开放的支弄，俗称"死弄堂"。主弄内有一个简易的、三边开放的男用小便池，也是我们常常光顾的地方。那时还没有自然冲水的装置，每每是臭气熏天，附近居民，想必也是叫苦不迭。

沿着北克俭里的一条支弄，可一直走到吴淞路尽头处的虬江路菜场，这条弄堂也是"弹硌路"，很窄，居民的层次，似乎比我们还低一些，多苏北人。有一处是吴淞路上一家浴室（俗称"混堂"）的后门，夏天下午的四五点，会放出一批好像用过的热水，于是附近的居民，便拿着各种容器去盛接热水，用来洗澡，每当这个时间，小弄堂内总是挤满了人，熙熙攘攘，很热闹。当然也是要排队的。

还是沿着 658 号往北边说。我们家的北侧，是一家杂货店（上海人叫"烟纸店"），店主是一对母女，苏北人，母亲年纪已经很大了，店日常由女儿打理，女儿那时候好像也已年近五十了，正式的职业是推（也有拉的）马桶车。所谓马桶车，就是漆成黑色的木制箱型的、运送粪便的车辆，由人力推行或拉动。每日黎明，住户将家里的马桶放在沿街的门口，推车人将各家的粪便倒入车内，再集中到河边的粪码头，倾入运输粪便的船只，由船只运往郊外乡村，用作粪肥。有时在冬日的凌晨，听得推车人在大声呼唤："拎出来啊！明朝元旦啦，不来啦！"所谓拎出来，就是叫住家们赶紧把马桶拎到外面来，过了今天，明天就是元旦了，休息了，马桶车不再来了。以前的上海，操持这一职业的一般都是苏北人，就像码头工人和黄包车夫，以前也多是苏北出身的。开店的母女俩，似乎丈夫都早已去世，女儿育有两个儿子和一个女儿，名字分别是大龙、小龙和金凤，我们都叫她"大龙姆妈"。彼此有些往来，但关系并不亲密。平素，也会在烟纸店里买点东西。

烟纸店往北，有一家老虎灶，就是卖开水的地方。周边的居民常常拿着热水瓶或其他容器去买热水，记得是一个热水瓶的量，一分钱，这是周边居民不可或缺的一个存在。到了过年过节，就更加热闹，人们杀鸡宰鸭，都少不了要用热水烫去鸡毛鸭毛。老虎灶的附近，有一个剃头摊，剃头师傅人们叫他"长脚"，因为长得瘦瘦高高的缘故。也是苏北人，为人比较和气。剃头摊之所以摆在老虎灶门前，是因为有客人要洗头，热水就随时可从老虎灶里得到。剃头摊理发，价格自然要比"毛毛姆妈"的那家理发店便宜，日常生意也不坏，因常年在此摆摊，大家也成了熟人。

658 号的对面，好像是用围墙围着的，斜对面好像是一个水利部属下的什么部门（后来改作一家"险峰电影机械厂"，现在建起了申贝大厦），门经常关着，也不知道里面是干嘛的。围墙与厂域之间，有一条东西向的小路，好像没有路名，通到与吴淞路并行的海南路（据 1932 年出版的《新测上海地图》，那时叫"海能路"），也是一条安静的小马路，小时候人们学骑自行车，就常常到这里来练习，因为车马少，不大受干扰，比较安全。路口原来也有个男用小便池，后来被拆掉了。

老虎灶隔一条寿德里入口的弄堂，对面的沿街路上，记得有一家旅社，再有就是前述夏天放热水的浴室的正门。夏天之外的春秋冬三季，我们洗澡就在这里了，当然不可能是每天，大抵是半个月一次，浴资好像是一角五分，有一个大浴池，去得晚一点，池水的一角就漂满了一层白色的污垢。

当时中国人没有洗净后入浴池的习惯，往往在浴池里面洗澡，洗出的污垢就漂浮在水面上了，想来还真有点恶心。洗头则是在浴池外的一条走廊模样的地方，有"莲蓬头"。平时人就不少，到了过年前夕，就更是人满为患，我往往视此为畏途，然而又不得不来，总之，这不是一个留下愉快记忆的地方。

浴室、旅社的对面，是电影机械厂的外墙，沿街搭了一个棚，里面开了一家连环画书摊。口袋里若有一两分钱，就会到那里去看一会儿连环画（那时候叫"小人书"），但是，更多的时候，我们往往是邻居和同学之间互相借阅，可以省点钱。再往前，是丁字路口，有一条东西向的小马路，曰"海山路"（今天成了"四川北路公园"南侧的衡水路的一部分了），那一片区域，留待后述。

大约在 90 年代后期，这里的房子几乎全部遭到了拆除，在旧址上建起了崭新的楼盘"国际明佳城"，昔日纵横交错的弄堂甚至街巷，整齐的或破旧的，都彻底从人们的视野中消失了，后来在北端，又建起了四川北路公园，彻底抹去了我们孩童时代的所有视觉记忆。

二

川公路一小的两年，
我还没有见过川公路

进小学前的岁月

在今天看来，也真有点匪夷所思，作为一个大城市的人，我这一生，没有进过托儿所，也没有进过幼儿园。当然，那时托儿所和幼儿园都已经有了，但好像也不是人人都必须进。前文已经述及，我们是一个大家庭住在一起，外婆是最主要的女主人。我父母和同住在一起的大舅大舅妈夫妇，白天都要上班的，那时两个阿姨还在上中学，小舅在上小学。做饭做菜，主要由外婆来担当，当然她一个人肯定忙不过来，于是就请了一个叫秀英的苏北阿姨（好像也就三十多岁）来帮忙。小孩大都是自己玩，大人一般也不管，所以，不去托儿所的人也很多。但到了上幼儿园的年龄，很多家庭还是把小孩送到幼儿园去的。于是我父母也决定把我送到幼儿园去，地点好像是在今天哈尔滨路上的一家什么幼儿园，距吴淞路 658 号也不远。可是我竟然表现出了剧烈的反抗，那个叫秀英的苏北阿姨抱着我或驮着我，送我去幼儿园，我一路声嘶力竭地嚎叫，哭闹，腾挪挣扎，表示坚决不去幼儿园，秀英只得中途折返，或者是送到了幼儿园门口我死活不肯进去。我也不知道当初为何如此强烈抵抗去幼儿园，总之，送两次，均告失败，父母无奈取消了送我去幼儿园的计划，把我留在了658号。所以，我从来没有受过任何学前教育，自然，在进小学之前，也从来不认识字，大概数字也搞不清的。

幼年的很多记忆都已漫漶模糊了，迄今比较刻骨铭心的场景，是"三年困难"时期（1959年年末到1962年）的食物匮乏。之前，我们家虽是平民，总是有饭吃，有衣穿，虽与豪奢完全无缘，饥肠辘辘的体验，却也极少有过。然而那几年，真的是吃不饱了，许多此前从未见过的物品（我都不敢写"食品"），都上了饭桌。印象深刻的有卷心菜外面硬邦邦的老叶，做豆腐时滤下的粗粝的渣滓，尤其是前者，真的很难下咽。原本的主食米饭，不知不觉间成了配角，面粉成了主角，不时还要吃玉米粉（那可不是现在吃着玩的甜玉米哦），我外婆把它称为"六谷粉"，应该叫苞谷吧。苞谷粉的吃法，是做成厚厚的糊，加入一点蔬菜和盐，就既当菜又当饭。因为粮食严重不够，成了主食的面粉，家里人都要按实际的配给量来分配，午饭是几两，晚饭是几两，做成一个个大小不一的状如鞋底的饼，大家称之为"鞋底饼"。为确定饼的分量，还用秤来称，为了温饱，同一屋檐下的家人，竟也不得不如此了。那时的一日三餐，除了主食，就不记得还有什么副食了。应该还是有的，但已不大记得了。鸡蛋和肉类，成了稀罕物。

食物匮乏、配给严格的时期，总是很容易催生出"黑市"。有些"黑市"都是公开的。我记得在658号马路对面的围墙处，一长溜地摆出了几家大饼油条摊。一碗豆浆加一根油条或一个大饼，记得是五角到六角，那差不多是天价了。原本的价格，一根油条是四分，一个大饼是三分，一碗咸豆浆是四分。七八分的食物，暴涨到了五角到六角了，一般人真是很难问津，也有人也会狠狠心，掏出一点钱去解解馋。我外公外婆在上海有不少同辈或晚辈的亲戚，过年过节总要走动的，晚辈多是来给我外公外婆拜年，来了自然要吃饭，好酒好菜款待，可是那年头，真的是狼狈，都拿不出像样的食物来招待客人。于是有一年（好像是1961年），大年初一，全家大大小小近二十个人，出门去虹口公园（现鲁迅公园）待了一天，自己带一点点干粮，目的是躲避客人的来访。幸好那天天气还不错，有冬日的阳光，不然在外面游荡一天，冻也冻坏了。那时，一般人家里都没有电话，上门做客时，也不会打电话确认，看到主人家"铁将军把门"，也只能黯然而苦涩地回家了。

后来才知道，上海还算好的，虽然大多数人都是面有菜色，但都活了下来，没有听说有饿死的。上海的西北方向，尤其是皖北和鄂西，情形相当严峻，许多人背井离乡，外出讨饭，也有进入上海的，于是大人就警告我们小孩，不要随意外出，避开那些人。总之，那几年，风声一直有点紧，人们也总有点栖栖惶惶。我的幼时记忆，也几乎没有什么玫瑰色。

好在从 1962 年年末开始，情景慢慢好转，逐渐又恢复了往日的场景。

川公路第一小学

我是9月出生，按通常的说法，叫"小月生"，上学要比9月之前出生的人晚一年。1964年秋，我终于可以上学了，事实上，这是我出生以来，第一次有一段时间离开家庭，走进一个陌生人的社会。我从来没有在托儿所、幼儿园这样的场所内，与素不相识的大人和小孩共处于一个相对封闭的空间。现在，我终于要上学了。我懵懵懂懂地知晓了一点上学的意思，因为家里的两位年少的阿姨、小舅和表哥，都已在上学了。

开学前，一位身材微胖、面色慈祥、戴着眼镜、年近五十的女性，来家访过，这就是我后来的班主任和语文老师孙芝云。与我同一年上学的，还有同一屋檐下的一位表弟，他小我一岁，却是"大月生"的，因而同一年进校，他跟我两个班级。大概也是按照地段划分吧，我进的是川公路第一小学，校名虽冠以川公路，学校却是在四川北路上的。说实话，很长很长一个时期，我一直不知道川公路在哪里，直到前几年，我一个人骑着自行车去寻访中州路上当年朝日新闻社的所在地，无意间进入了川公路，才恍然大悟。川公路的最东端，与四川北路呈丁字相交，我们的小学就在丁字路口的四川北路上，因而有此校名。虽然近在咫尺，川公路那一带，却是我从来不去的界限，几十年来，竟然从未踏入，成了一个遥远的陌生世界。

上学是一件大事，外婆给我们（我和表弟）各买了一只新书包，记得还有一把黄色的油布伞，竹子做的伞骨，很重，我都有点拿不动，也几乎撑不开。二舅开始教我识字，买了一本习字册，写了一行字，"外婆给我买了新书包"，叫我抄写。这真的不算一个高明的教学法，外婆的"婆"字，笔画那么多，我还真不易写好。之前，我还没有写过任何汉字。念法，好像也是上海话的发音。但不管怎么样，由此我得以认字、写字了，这是一个重要的开端。

大概是 9 月 1 号开学吧，具体日期记不清了，我们班（几班我也不记得了）的同学都在四川北路 1466 弄的三新里弄口集合。那一带对我而言也很陌生，好像之前还没有到那一带玩过。在开学之前，好像已有大人带了我去那里探路，开学的那天，是几个同班的小朋友自己走过去的，或许也有别的家长带着。记得我父母上班，没有送我去三新里。从我们家里过去，沿吴淞路向北走到尽头，是虬江路，向西走，折入虬江支路，可见到三新里弄堂的东口，我们的集合点在西口，面向四川北路。三新里也是一条石库门房子的里弄，大概建造于20世纪30年代初，比较整齐干净（现在这一带的建筑已被完全拆除，建成了四川北路公园，整个一片街区已荡然无存）。一大群小朋友汇聚在那里，叽叽喳喳，充满了童声的喧闹。然后，孙芝云老师来了，带着我们沿着四川北路，走过群众电影院，来到了川公路第一小学。

校门开在很浅的一个弄口的一侧，门牌应该是1598弄或1598号，从大门进入，左侧是一个室内健身房，雨天的体育课就在这里上。后来我才知道，学校的前身，是一处名曰"守真堂"的教堂，那座健身房应该是改建过的礼拜堂。往里走，是一片开阔（在小孩的视线中比较开阔）的水泥地，用作操场和学生的活动场，左侧是一排凹字形的两层建筑，记得三边都有围廊，砖木结构，民国初期的西式风格，已经有点老了。我们的教室在正面二楼的一端，可从围廊的阳台上俯瞰操场或活动场。

这里来说一下学校建筑的守真堂。查了一些相关文献，得知守真堂又叫"宣道会堂"。1900年，美国基督教宣道会传教士史亨在北四川路（就是今天的四川北路1598号）创办了守真学堂，吸收中国学生入学。1916年翻建校舍时，建成教堂建筑。1927年该教堂加入中华基督教会。宣道会在上海是个较小的基督教宗派，据说地位不太高，影响也不怎么大。1928年后，青年牧师赵世光开始在守真堂讲道，并主持教务。赵世光1908年出生于上海，高中毕业后进入守真堂所设的圣经学校念书，毕业后正式受聘于守真堂（初为"传道"，1932 年正式成为牧师）。赵世光青年才俊，口才又好，到该教堂做礼拜和听讲的人数与日俱增，至抗战前夕竟成为上海最兴盛的教堂之一，赵世光也成了上海著名的牧师之一。由于信谊药厂总经理鲍国昌为该教会信徒（其弟鲍国梁为该教堂执事），教会经费曾得鲍氏支持。守真学堂后改称"守真中小学"，1937 年八一三事变时，该校因位于战区而暂迁王家沙花园 26 号（今北京西路 605 弄 55 号），抗战胜利后迁还原址。中学部后来屡经迁徙，与其他学校合并了，但小学部仍在原址，后来就成了我入学的川公路第一小学。

顺便说一下赵世光。赵牧师后来在 1942 年创建了"灵粮堂"和"灵粮世界布道会"，1949 年出走香港，创办了84 家灵粮堂，主要分布在中国香港和中国台湾，也包括东南亚和欧美，影响颇大。说起来，我所在的小学，与赵世光也有很深的渊源。

当然，这些事，当时完全不知道，即使有人告诉我，大概也不能完全理解。那个时候，教堂、教会，还是有很浓重的负面色彩。

对我而言，1964 年秋季到 1966 年初夏的那段小学日子，总体还是很愉快的，孙老师对每一位小朋友，都既严格又亲切和蔼。我除了当初拒绝进入幼儿园时曾大哭大闹过，总体上，一直是一个很乖顺的人，胆子也很小，学校定的规矩，我绝不敢越雷池一步。自然地，我就成了第一批戴上红领巾的儿童。"红领巾是烈士的鲜血染红的，是红旗的一角"这样的说法，自我有记忆开始，至少已传了六十年了，今天还在继续地传下去。记不清是一年级下还是二年级上，班里有了少先队班委会，我竟然做了班里的中队主席（真的，还不只是中队长，我记得是叫中队主席），两条杠。其实，也就是班长而已。我在所有人的眼中，差不多都是一个好孩子。倘若不是后来"文化大革命"爆发、少先队被取消（大概取消了七八年吧），不出意外，我应该可以有三条杠的。其实，我始终没有做干部的能耐，一辈子如此，完全没有振臂一呼的号召力，也没有安排策划的组织能力，更没有呼风唤雨的叱咤力。当时我能做到的两件事，第一是各门功课的成绩都比较优秀，第二就是出黑板报，除了字写得还马马虎虎，还会设计版面，画一些插图，仅此而已。哦，我小时候嗓音好像也还可以，会唱歌。

我在学校里遇到的最新鲜的两件事，一是周边出现了女孩子。我虽然生长在一个人口众多的家庭，但小孩全都是男孩，我弟弟是男孩不说，我大舅大舅妈的三个孩子，也全都是男孩（那时戏称为"光榔头"）。偶尔见到的我二伯父的两个孩子，也是男孩。小舅只比我们大几岁，自然也是男的，两个阿姨已在念初中，不仅辈分长一辈，年龄也不在一个层次上，因此从小一起玩的，全都是男孩，后来加入的邻居家的孩子，也都是男童，身边就没怎么见过女孩子。进了学校，班里一半是女同学，有的长得还挺好看，这让我感到有些兴奋。第二个是，进小学之前，我就一直在玩，从来没有学过什么东西。父母白天都要上班，下班后要操持家务，他们自己没有受过什么教育，也几乎不知道要教孩子什么知识。现在的小孩，背唐诗，学画画，学书法，学英文，学跳舞，学骑马，学滑冰，学弹琴，出外郊游，甚至海外游学，对当时的我们而言，完全是一个想象之外的世界。如今我进了学校，正儿八经开始学知识了，语文，算术（那时好像不叫数学），画画，还有体育课，一下子觉得好新鲜，也好开心。我在学校里学会了拼音，后来经过了"文革"的好几年折腾，竟然一直没有忘记，二十多年前开始时兴用电脑了，我就一直是用拼音打字，这完全得益于川公路一小的两年的基础。

算术课的内容不怎么记得了，语文课本里的内容，至今仍有记忆。一开始学的字是"日月水火，山石田土"。然后是一二三四的汉字数字。有一篇课文，印象很深，至今还会背诵："滴答，滴答，下雨了。麦苗说，下吧下吧，我要长大。桃树说，下吧下吧，我要开花。葵花说，下吧下吧，我要发芽。小弟弟说，下吧下吧，我要长大。"还有孔融让梨和司马光砸缸救人的故事。但是一直到二年级结束，课本里还没有出现过一首简易的古诗，因此，我在16岁之前，好像从来没有接触过唐诗宋词，自然，也没有读过任何古文。

体育课除简单的队形操练外，主要也是玩。守真堂里的那个礼拜堂，被学校用作了健身房，我记得主要就是摆放了几张乒乓桌，我们可以在那里练习打乒乓球，我后来会打一点乒乓球，主要就是那时候学会的。说来惭愧，除了孙老师，其他老师我都不大记得了。有一位男老师，长得还挺好，不记得是给我们上什么课的了，应该是二年级下的时候吧，在教室里给我们讲越南军民抗击美国入侵者的故事，绘声绘色，语调抑扬顿挫，我们都听得入迷了。我坐在教室里侧的前排，看到户外阳光映衬下的老师的侧面，觉得真是酷极了。

每天都是我们自己背着书包去上学，放学了，跟同学们一起回来，从来不见有父母和大人接送。去的时候，是沿着吴淞路往北走，走到尽头是虬江路菜场，早上一直很热闹，附近有不少杂货小店和饮食店，然后从虬江路折向西面，穿过一条名曰"厚德路"的小巷，来到了热闹的四川北路，再右拐，就是群众电影院。学校里的很多大型活动，诸如全校大会之类，就是借在这里举行的。走过电影院，差不多就到了川公路一小。回家的时候，也是沿着这条路线走回来。学校里并没有饭食供应，我们每天都是走回家里吃了午饭，下午再去上学的，有时候，下午没有课，就待在家或是做功课，或是在户外玩。这一段路，除了很短的一程四川路，都是小石块铺设的弹硌路。

有一次，有个场景令我印象很深。下午放学的时候，沿虬江路走回家，快到菜场的时候，看到在北侧的街上，开有

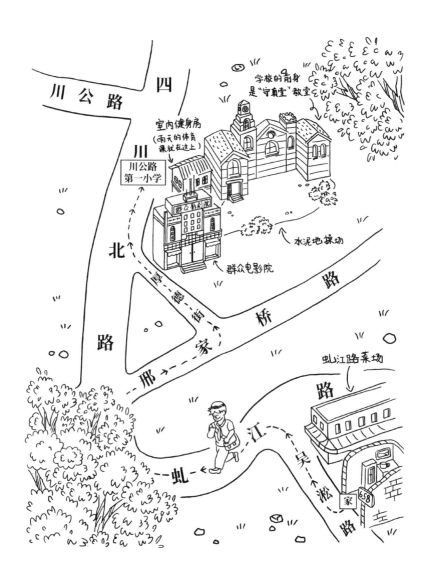

从 658 号到川公路一小

一家小酒馆，小小的门面，里面有些暗暗的。门口有一个很大的玻璃匣子，里面摆放了一些盛在小碟子里的下酒菜，放学时，肚子多少有点饿了，被食物的香气所吸引，走过去张望，见菜肴有猪头肉、鸡脚爪、鸡脖子、卤花生，还有蜜汁豆腐干之类，豆腐干价最廉，五分一份。有上了年纪的老人（大概也就五六十岁吧），要一壶酒或一杯酒（都是黄酒），买一份豆腐干之类的，坐在门口喝酒谈天看风景，我竟站在一旁呆呆地看了很久，酒香与食物的香味交杂在一起，弥漫在小小的店堂里。当时我就觉得，这样的生活好惬意呀！也许，我从那时开始，就对酒有了一点兴趣。

在我上学的路上，早上最热闹，也有点腌臜的地方，是虬江路菜场。菜场位于吴淞路的最北端，两层楼，距568号不过三四百米路，我们的副食品，大都在这里采购，那时我还小，从来没有独自在这里买过菜，都是跟随大人来的，地面总是湿漉漉的，空气中也总是弥漫着一股说不清道不明的味道，我不大愿意来到此地。那时早就有了大闸蟹，我们是生活在上海的宁波人，对大闸蟹，从小就很喜欢。那时大闸蟹也算是比较贵的河鲜了，碍于价格的高昂，我外公总是在蟹摊前逡巡再三，见有几个已有点不活络了（以前上海人称为"撑脚蟹"，即蟹脚已有点不能自由弯曲了），这时卖蟹的人也怕蟹死了无人要，会无奈地杀去一半价格，于是外公就立即悉数购入，提着蟹捷步走到家里，叫外婆立即蒸煮。那时候卖蟹，都是放在粗铁丝（一般叫铅丝）编制的长方形的蟹笼里，可随时抓捕。

遇到过年，或是有重要客人来吃饭，大人们还会走上一段路，到面向吴淞路、却是在塘沽路、汉阳路和峨眉路交汇处的呈三角形的三角地菜场去买菜。说起来，这家菜场的历史很悠久了，初建于19世纪末期，由公共租界当局规划兴建，我在上海金风社1913年初版后来又不断修订的、日本人岛津长次郎编撰的《上海案内》一书中，看到对此颇为详细的介绍，还有一张当年的图片，木头柱子的建筑，内外畅通，线条棱角清晰分明，斜面的瓦屋顶，还有一排假二层的窗户，内外人群熙熙攘攘。1916年将木结构的房子拆除，重新建造了两层的钢筋水泥结构的菜场，样子有点丑陋，后来又在上面加盖了第三层。大人们带我去的，已是最后来的面貌了，只是觉得规模比虬江路菜场要大，物品也丰富一些。那时都是提着竹篮子，来回都是行走的，大约要走20分钟。三角地菜场在1997年被拆除，在原址建起了一幢玻璃幕墙的三十几层的写字楼，周围的居民也越来越少，烟火气几乎消失了。

我一向是以乖乖男的形象出现的，但是作业做完了，也就没有什么事，依旧跟着之前的一帮玩伴野在外面，在北克俭里弄堂进口的过街楼下面，跟大家一起玩斗鸡。所谓斗鸡，就是把一条腿抬起来，膝盖顶端向外，使膝盖部形成一个对外攻击的武器，以一条腿移动身体，向对方进攻，把对方击倒或是对方抬起的一条腿落下来，你就赢了。有时是一对一，有时是一个团队对另一个团队。这个游戏，运动量有点大，若是冬天玩，更好，身体一会儿就暖和了。

还有一个是玩木块游戏，有好几个进程，先是把木块搁在肩上走到目标线，对准放置在目标上的一块竖起的木块，滑下肩上的木块，将其击倒。接着是把进攻的木块放在胸上，这时人就要往后仰，不然木块会滑落，最后以同样的方式用胸上的木块将目标木块击倒。还有是把木块顶在头上，最后的做法一样。要取胜，有两个要点，第一是在走动时，身上的木块不可落下，第二是关键，就是你必须要让身上的木块准确地落下，击倒脚下的目标木块，才算胜利。你第一个步骤（比如肩上）赢了，才有资格做第二个步骤（比如胸上），不然就让给你的对手，由他来对你的木块发动进攻。这些木块，大都是请大人在工厂里利用废旧木头做的，所以都不花钱。

658号家的小孩有一个比较得意的玩具，那就是两轮滑板车，前面是有掌握方向的车把手的，一个脚放在滑板上，一个脚用力向后蹬，使得两轮车能往前行进。轮子是铁做的，与地面摩擦时，会发出声响。吴淞路是弹硌路，无法玩，于是我们就在北克俭里的两条弄堂内玩，难免会发出不小的声响，打破原先的宁静，弄内的居民，自然颇不愉快。这辆两轮滑板车是我外公和大舅合力利用厂里的废旧材料做的，加工的机械，自然也是厂里的。那个时候，只要不是太过分，这些行为，一般还是被允许的。我不记

在过街楼下玩斗鸡

得我们小时候的玩具有从商店里买来的，家里没有这样的余裕。

还有一个游戏，是打弹子。最漂亮的是玻璃内有彩色花纹的，差一点的只是一个纯粹的玻璃弹子，我们称为"水晶弹"，还有一种是不透明的、外表点缀着花纹的白色弹子，我们称为"野狐弹"。打弹子的游戏规则，我有点忘记了，最关键的，是人随弹子移动，轮到你的时候，便将弹子夹在食指与拇指之间，用大拇指用力弹出。击中对方的弹子，就可俘获这颗弹子。你手上的弹子越多，你就赢得越多。吴淞路是弹硌路，小石块之间都有缝隙，这就增加了打弹子的难度和趣味性、刺激性。到后来，一颗颗光亮亮的透明玻璃弹子，都被打得斑斑点点、毛毛糙糙了。我们小孩玩这样的游戏，纯粹是娱乐，从来不赌钱（也都没有钱），但也有人是赌钱的，因而打弹子之类，也被视作一种赌博游戏。有一次跟小伙伴在玩打弹子时，碰巧被孙芝云老师看到了，她觉得我一个好孩子，不该玩这样的游戏，于是在期末发下来的学生手册上，写了这样一段品德评语（这份近六十年前的成绩单和期末评语，我奇迹般地保存到了今天）：

对待班级工作认真负责，工作中能以身作则，在群众中有一定的威信，认真做好保健操，也取得了一定的效果，喜欢听英雄人物的故事，并以他们的事迹作为自己的榜样，有助人为乐拾金不昧的高尚品质。今后在课外要选择正当的游戏，帮助同学一起前进。

最后的这句话显然是在批评我了，我觉得很羞愧。后来就不怎么玩打弹子游戏了。

其他的游戏，还有滚铁圈，抽陀螺（没那么考究，都是自己或是请大人帮忙做的俗称"贱骨头"的简易品），翻香烟牌子，用棒冰的细木棍（那时的上海话叫"棒冰棒头"）做成各色养虫的笼子和手枪玩，斗蟋蟀，用小刀刻剪纸，集糖果纸（把它压在厚重的书里熨平），等等，与今天的小孩玩的游戏的一个最大区别是，几乎所有的玩具都是自己或请大人手工做的（不花钱），自己都是游戏的直接组织参与者，几乎没有大人的辅导，身边也没有大人的陪伴，而且极少有发生争执和纠纷的，只是求得娱乐而已。

所有学校停课的一年

之前有听大人谈起"四清运动"之类的话题，完全听不懂，自然也毫无兴趣。可是，1966 年的这一个学期，到了后来，社会上就渐渐充满了政治的火药味，斗斗杀杀的气氛悄然蔓延开来了。这一年发布了"五一六"通知，我们这些小孩，自然完全不关心。

然而，学校里也开始不太平了。5 月末或是 6 月初，老师要我们向父母去挖掘一些旧社会人民受剥削受压迫的素材，说学校里要召开一个全校性的控诉旧社会的大会。我是少先队中队主席，孙老师知道我出身工农，要求我作一个大会发言。所谓的旧社会，我也全然没有感觉，不知道剥削压迫究竟是什么意思。于是，就去找我父亲，让他给我讲讲旧社会里受资本家压迫的故事。说起来，父亲还真有气。说以前厂里的"头脑"如何如何坏，欺负他这个乡下来的小学徒，都让他干苦活累活，还在各方面克扣他，对他疾言厉色。后来我明白，父亲口中的"头脑"，就是工厂里管事的小工头，而非资本家本人。但当时的我，对这样的素材，顿时觉得如获至宝，就把"头脑"的恶行移栽到了资本家头上（当然，那些小厂的资本家，对待工人大抵也不怎么样），撰写了一篇发言稿（当时我小学二年级还没有读完，发言稿倒完全是自己写的，因为没人能帮我），交给孙老师看了，孙老师说很好，稍作润色，就让我在全校大会上发言，控诉万恶的旧社会。我在老师的指导下，在大会上作了慷慨激昂、义愤填膺，甚至有一点声泪俱下的发言，那时我的内心，觉得旧社会真是可恶极了，那些资本家真是坏透了。发言博得了热烈的掌声，学校也很欣赏。

过了若干天，中午放学回家的路上，我被一位同学叫住，说是孙老师叫我赶紧回到学校去，好像有什么重要的事情。我一溜小跑回到学校，原来只是叫我对着视力图检查一下视力，具体也没说。这个事后来就过去了，我几乎忘却了。直到学期结束，我母亲去参加家长会，孙老师对母亲说，静波可惜了，上次大会发言后，学校里觉得我的普通话和嗓音都很好（真是天晓得，我的普通话即使大学时代在北京受到了一些矫正，也依然是南方腔十足），恰好北京广播学院附小来招生，想让我去试一下，但有视力要求，因而叫我临时做了视力检查，结果不理想，已有近视眼的征兆。不过事实上，即使我的视力没问题，即使我的普通话真的还可以训练调教，到北广附小去念书，也完全没有了可能。因为，"文化大革命"真的开始了，上海所有的学校，从 1966 年秋季开始，整整停了一年的课，学校里的老师，几乎都被打倒了，校门彻底关闭。我们低年级的学生，至少我自己，从来没有去学校参与过批斗老师的事，好像高年级的也没有。总之，这一整年，我们与学校完全断绝了关系。现在想来，也真是极为荒唐，但那都是真实的。

街上开始出现了大量的大字报，中学以上的红卫兵开始四处串联，只要手臂上有一个红袖章，人人都可成为执法的角色。这一年的夏天，"破四旧"（破除旧思想、旧文化、旧风俗、旧习惯）成了最时髦的口号和行动。几乎人人自危。那些家里存有旧书籍、字画文物的，赶紧偷偷处理，或烧毁，或卖给废品店。我们家是彻底的平民，几乎没有任何藏书和文物宝贝，但我父母平时爱看越剧和电影，积下了很多戏曲电影说明书存在家里，那些电影，无论是红色还是其他颜色的，都被彻底否定了，越剧（父母一直俗称为"绍兴戏"）则大多是才子佳人缠绵悱恻的爱情故事，自然是封建的了。说明书存在家里时刻有危险，必须摒弃。父母亲虽然很不情愿，也只能无奈地把一大叠说明书撕毁或烧毁，我的那些语文课本，好像也被处理了。

所有考究一点的衣物，都是资产阶级的了，皮鞋的头部若稍稍有一点点尖，那就是尖头皮鞋，裤腿稍稍有点瘦的，那就是小裤脚管、是资产阶级的，高跟皮鞋不用说，自然是资产阶级的，不可穿出去。我在四川路上，亲眼见到戴着红袖章的人，拦住一个烫头发的女子，厉声勒令她到一旁的弄堂内的自来水斗边，自己用冷水（好在那时是夏天）把发型毁掉。"红袖章"拿着剪刀把女子的小裤腿裤子从底下往上剪坏，勒令穿着高跟鞋的女子把皮鞋脱下来，若不舍得丢弃皮鞋，就自己提着皮鞋走回家。被毁了发型的，被剪开裤腿的，被脱下高跟皮鞋的那些女子，哭哭啼啼地走在路上，满脸的委屈，满脸的狼狈，却又无可奈何。

我目睹的另一个场景，是乍浦路靠近武进路的西本愿寺别院上的一排印度风的佛像，被一群"红袖章"砸坏。这座寺院是纯然印度风的石头建筑，靠乍浦路的一面，原来有一排精美的佛像浮雕，还雕刻有栩栩如生的大象。那时，凡与佛教相关的，都被认定为封建迷信，有一天有一批人来到此地（我迄今仍不明白这些人来自哪里），是搭起来了脚手架还是依靠一些支撑件，我已记不清了，总之，拿着锤子之类的工具，奋力敲砸，石块纷纷碎落，随着落地的石块，有人在高声叫好喝彩，也有人低声叹息表示惋惜，当然表示惋惜的人，只能悄然离开了。我那时只是一个 10 岁的孩子，不解这些人在干什么，既没有感到兴奋，也没有感到惋惜，只是在一旁傻傻地看热闹。这一排精美的浮雕，迄今仍未修复，只是白白的一长片。或许是原来的图样已不得见，或许是如今的石匠，也雕琢不出来了。

我们居住的北克俭里、南克俭里、三德坊、寿德里一带，大都是中下层市民的居所，大资本家或是共产党的高级干部（那时大抵都被归为走资本主义道路的当权派，简称"走资派"）、高级知识分子（"反动学术权威"）、各类名流，几乎没有，但是依然不太平，今天一群红卫兵开到，揪出了邻居家的某某，明天又一波红卫兵开到，对邻居某某家实施抄家。突然看见平素很文静的一位小个子老太太（大概也就五六十岁），被勒令站到一张小方凳上，脖子上挂了一块打倒某某之类的牌子，开始对她进行批斗。最噱的一次，是邻居家的某某（女性），戴着红袖章正在趾高气扬的时候，忽然有人对她悄声说，你家里红卫兵也开进来了，她立即大惊失色，慌忙朝自己家里奔去。我家亭子间的窗外，对面一排房子的红砖墙上，用白色涂料刷上了一排大字："横扫一切牛鬼蛇神。"街上的广播喇叭，时时响着各色革命歌曲，后来多是毛泽东语录歌，潜移默化中，我也学会了许多，至今流畅能唱的，还有十多首。

1966 年的秋天，还有一次有趣的经历。那时臂上挂一个红袖章，好像也无需得到哪里的批准。我们人小，也蠢蠢欲动，听说胸前挂一块"毛泽东思想宣传队"的红牌牌，在公交车上唱唱歌，喊喊口号，就可免费乘车。我们几个小伙伴一商量，就用废旧的硬板纸，自己动手做了几个小红牌，上书"毛泽东思想宣传队"，然后上了车。我们平时的足迹，多在自己居所附近，除了大人领着走亲戚，都没有到过远的地方，因为口袋里根本没有坐车的钱。这次，决定去一个远的地方，听说 17 路电车的终点站是打浦桥，那是从来没有去过的遥远的彼岸，买票的话，好像是一角还是一角三分，有点记不得了。总之，四五个小伙伴鼓足勇气上了电车，在车上胡乱唱了一些什么，想借此去打浦桥玩玩。可是那时的电车，相当拥挤，车内空气壅塞，我们人矮，站在那里，我和另一个小伙伴都感到了晕车，一路都想呕吐。到了打浦桥，也不知道到哪里玩，人生地不熟，一下子都有点害怕了，于是赶紧坐上了回程的电车，狼狈地回来了。以后，就再也不想去蹭车了。

看到外面铺天盖地的大字报，我也不免有些技痒，大概从 1967 年的年初开始，我跟 658 号前楼汪家的小儿子（比我年长几岁）合作，自己在一楼到二楼的楼梯墙壁上，仿照外面大字报专栏上的模样，办一个壁报。我是用了之前画黑板报的小技巧来办这个小壁报的，还画了一些花边，一点小图案，样子好像还可以。可是楼梯差不多是整幢房子最黑暗的地方，只有我们的亭子间房门打开时，才有一点光映照到墙壁上，日常也没什么人来看，完全是自娱自乐。大人们外面的大字报都看不过来，哪会注意黑暗中的壁报呢。好在大人对此也完全没有阻止，任我们随便玩，过了一阵子，也就偃旗息鼓了。

也曾有一个时期，跟着大人到人民广场上去，那里是各种集会的举办地，经常是人头攒动，熙熙攘攘。那时大中小学生都不上学，厂里上班也不正常了，各级的领导人都在挨批斗。虹口区政府大楼（现在也被拆除了），就在我们家附近的吴淞路武进路口，进门好像是在海南路上，以前都是门禁森严，我们自然是无法入内的，这时区政府的领导全都被打倒了，大楼大门洞开，所有的人都可以自由出入。进入大门，有一个广场型的空地，四周都是建筑，房间里面我们没有进去，但走廊上是打蜡地板，滑滑的，以前只听说过有钱人家的打蜡地板，从来没有见过，我们觉得好新鲜，于是一个小孩蹲在地上，一个小孩用双手拉着他前行，从走廊这头滑行到另一头，两个人交替进行，觉得好开心。不久，上海发生了"二月风暴"，成立了各级革命委员会，代行以前各级党政机关和企事业单位权力机构的权力，虹口区政府的大门又严格管理起来，我们就无法入内玩耍了，不觉有些沮丧。

印象中，区政府大楼是一幢占地面积不小的三到四层的土黄色砖面的建筑物，从吴淞路嘉兴路口一直延伸到武进路口，给人一种高墙深院的感觉，这一段吴淞路的西侧，没有任何一家店面。后来从有关文献（木之内诚编著『上海歴史ガイドマップ』，大修馆书店 2011 年版，第 130 页）中了解到，这里最早是工部局的巡捕医院，1932 年由美国人汉璧礼出资，在原址建造了汉璧礼女校（Thomas Hanbury School for Girls），1937 年年底上海沦陷后，被日军占领，用作盘踞在上海的日本海军陆战队部队本部，日军在街角增建了碉堡式的建筑。日本战败后，1945 年建筑被国民政府接收，先后成为空军第三地区司令部和空军供应司令

旧虹口区政府大楼

部，中华人民共和国成立后，一度成为上海建设学校的校舍，1959 年（也就是我们迁居到吴淞路的那一年），改为虹口区政府的所在地。我进入并在里边玩耍的，应该是最初汉璧礼女校的建筑，它也见证了上海半个多世纪的沧桑，如今被拆除，令人感到可惜。虽然新建的建筑要雄伟壮丽且摩登得多，对我而言，却有些疏离感。

现在想来，这真是一个疯狂的年代。但也并非没有收获。大概是在 1967 年吧，我在前楼汪家（他们家里有两名高中生）看到了一本《读报手册》，谁编写的（肯定没有个人的姓名）不记得了，好像也没有正规的出版社，那时出版社绝大部分都瘫痪了。开本不小，很厚，红色的塑料封面，也算是软精装的了。内容除了一部分与"文化大革命"有关，还有不少的篇幅是国际、外交、政治、经济、历史、地理，甚至还有手绘的地图，这是我第一次看到世界地图（虽然刊面不大），我凭着小学二年级的阅读能力，懵懵懂懂地读到了一点历史和地理的知识，了解到了一点世界，记住了不少国名，虽然表述上充满了革命的硝烟气，我甚至在那时候，就知晓了巴勒斯坦的地名，和犹太复国主义的说法（真正的意义，却是在很久以后才明白的）。这本《读报手册》，在某种意义上来说，算是我的第一本启蒙书了，虽然里面的知识，未必准确或正确。由于时代的变态，我从小学一直到大学，都没有上过一天正式的地理课和历史课，但这本《读报手册》，第一次激起了我对地理和历史的兴趣，这种兴趣，竟然一直持续到今天。

　　还有一段经历，至今记忆深刻。应该是 1966 年或 1967 年的春天，1966 年的话应该是周日，1967 年的话，工作日的可能性更大（那时已经不上课了）。应该是在家里（我的表兄弟）和邻居小伙伴的提议下，我们一伙大概五六个人，拿着事先准备的器具（大口玻璃瓶、捞蝌蚪的土制工具等），从家里出发，走到四川北路，坐开往虹口公园的有轨电车（车资 3 分），到了那里后，不记得是继续乘坐驶往江湾五角场的有轨电车，还是为了省车钱而徒步走的，大约来到了今天上海外国语大学本部的西面。六十年前，那里还是一片沟渠纵横、阡陌遍布的荒地，小块的土地上，黄灿灿的油菜花正迎着阳光随风摇曳。这所谓的沟渠，就是一条条不规则的小河，间或还有一个小池塘，此时正是小蝌蚪繁衍生长的时候，我们就蹲在小河边，用自己或者请年长一些的人手工制作的工具，在水里捞小蝌蚪，捞上的小蝌蚪随即放入盛了河水的玻璃瓶内，再放入几片水草，人人满载而归。那种野游的乐趣，恐怕是今天的小孩甚至小孩的父母都根本无法体会的。我们那时才只有十岁左右（最大的也就十二三岁吧），没有任何一个大人的陪伴，就自己进行了一场野外的春游，还是在水边！今天想来，恍若隔世。这些养在大口玻璃瓶内的小蝌蚪，大半都活了下来，一直到慢慢长出了腿脚，自己跳了出去，去了哪里，也无迹可寻，恐怕也是生死两茫茫了吧。

同样的还有一次，从吴淞路向东转往嘉兴路，沿着四平路往北走，纯然的徒步，纯然的一帮小伙伴，在一个年纪稍大的同伴的引导下，一直走到和平公园，大概也有三公里以上的路程了。我记得走到四平路大连路口时，往北只见两排密密的树荫，那应该是通向同济大学的，感觉是杳无人迹，也没看见什么房子，仿佛是乡野了。在和平公园里怎么玩的，记不真切了，但之后依然是徒步返回（因为口袋里没有车钱），那年我也是十岁，现在想来也是壮举了。

三

海宁路一带的影戏院

虹口大戏院

　　吴淞路 658 号虽然偏于道路的北端，那一段只是一条没有柏油铺设的小小的弹硌路，但是在行走五到十分钟的范围内，却有多达近十家的各类影戏院。那时的人们，看戏看电影，大概是最大的娱乐了，其次便是听无线电（收音机）。

　　从 658 号出门沿吴淞路往南走，到了武进路（以前称老靶子路）口，左侧是虹口救火会（现为虹口消防中队），正面呈半弧形的三层楼砖混建筑，两层以上为红砖墙贴面，在楼房的稍后处，巍然耸立着（至少在以前一定是有这样的感觉）一座高高的瞭望塔，周边方圆几里，可以一览无余（以前一定是这样）。1917 年由工部局设计建造，迄今已经伫立了一百多年。小时候，经常见到摇着铃（后来改成了警笛）的救火车驶出，红色的消防车（我们那时都叫"救火车"）的两侧，站着穿着消防衣的救火队员，一手拉着扶手，神情严峻。记得那时消防队员不是坐在车内，而是站立在两

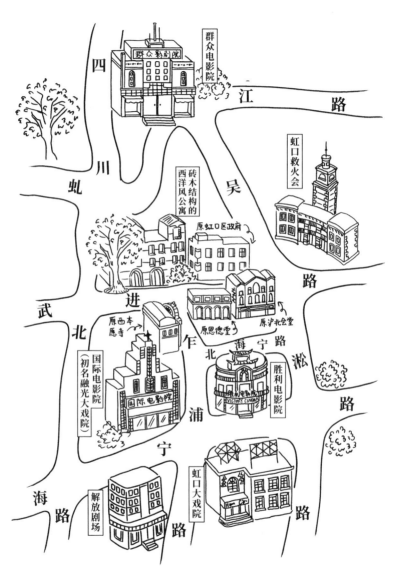

海宁路一带

旁。若是白天，我们就会奔出去看热闹，看看是哪里着火了，有时候会看到远处的烟雾，但多半是什么也看不到。看救火车出行，也是那个年代孩童的一个乐趣，它给庸常的童年带来了一点点刺激。我迄今仍然很怀念那手摇的铃声，激烈而悠扬。当然不是期望火灾的发生。

右拐，就可见道路的南侧有一幢三到四层楼的红砖建筑，一看就是教堂的风格，后来知晓，这里在 20 世纪初的时候，是美国的安息日会的活动场所，1924 年（一百年以前了！）安息日会在此建造了沪北会堂。我迄今没有进去过，从外观看，二楼到三楼间，是很高的上端为半圆形的窗户，想必里边原来是很高敞的礼拜堂。上海沦陷时，这里成了日本的 Y.W.C.A.（基督教女青年会）的所在地。安息日会后来在虹桥开设了疗养院，1929 年便在教堂的东侧开设了疗养院的分院，后来这所分院的房子成了海南路小学，后又变为幼儿园，如今底层则成了一家很没有风格和品位的餐馆，我在门口走过好几次，常常是门可罗雀。

往西走几步，就是乍浦路口。路口有一幢钢筋混凝土的三层楼建筑，灰白中显出一点点诡异的粉红。历史地图上标明这里是恩德堂的旧址，初建于 1881 年，真的是很早了，不过现在的建筑，不像当年的老建筑，虽然墙壁的颜色有些剥落，但没有什么历史的沧桑感，这里曾被做过各种用途，现在好像是消保委的办公地。

武进路的北侧，是一排砖木结构的西洋风的公寓，大约建造于 1920 年前后，周边的老房子多半被拆除了，幸好这一排年逾百岁的建筑还留存。1923 年 4 月到 5 月，创造了"魔都"一词的日本作家村松梢风（1889—1961）就在此寓居，房东是一个逃离苏俄的白俄老妇人。村松梢风当年对武进路曾有这样的描述：

那条街的人行道上种植了许多法国梧桐，枝叶茂盛，树枝已经长得很高，比一般房屋的屋顶还要高，而在茂密的绿荫下，有点煞风景地行驶着有点脏兮兮的电车。街的北侧，排列着红砖建造的三层楼的有些旧的房子，沿人行道一边有低矮的砖墙，门外有铁门，从墙内伸出了蔷薇花呀绿色的藤蔓等植物，与有些古旧的房屋很相配，给人一种古风的感觉。（村松梢风：《上海》，东京骚人社 1927 年版，第 231 页）

原来恩德堂的对面，就是我前面述及的西本愿寺上海分院。后来做历史踏访，从分院南侧的一处不引人注目的门进去，可见日本唐破风建筑样式的门檐，两根木头的柱子还残留了些许朱红色，这就是 1922 年日本日莲宗妙觉寺在这里开设的别院，别院其实初设于 1899 年，后来迁徙到了西华德路（今长治路）。1922 年再迁回来，改名为芳圃寺，建造了新的建筑，如今只留存了这座唐破风的门檐，其他几乎荡然无存了，与周边后来建起来的房子相比，显得怪异而突兀。不过，从外面的街上走过，几乎没人会注意到里边原来

武进路北侧的一排西洋风公寓

还有一座日本人的寺院。

里面还有一幢不起眼的房子，有一块牌子标明，这里以前是芦泽印刷所。这家印刷厂是日本人于 20 世纪初在上海兴办的，到了 20 世纪 30 年代中期，曾经达到相当的规模，有日本雇员 16 人，中国雇员 138 人。我之所以会留意到这家印刷所，是因为此前搜寻阅读的有关上海的日文文献中，有相当部分是这家印刷所印刷的，比如出了十几版的金风社社长岛津长次郎编的《上海案内》等。日本诗人金子光晴除了写过《诗人》这本回忆录，还写过一本《骷髅杯》，写他1928 到 1929 年间旅居上海北四川路余庆坊的时候，生活贫困潦倒，靠卖画维生，鲁迅曾买过他的几幅画。金子光晴为了谋生，不得不绘写春画，偷偷地请芦泽印刷所印制，他后来靠春画卖得的几个小钱，囊中羞涩地与夫人一起经南洋到法国去游学。这段记述给我印象很深，由此进一步记住了芦泽印刷所，原来旧址就在这里啊！当然，这都是以后做了研究后才知晓的，小时候经过那里，完全不知道里边还发生过这样的故事。

芦泽印刷所对面，有几幢红砖房子，19 世纪末期开业的几家日本旅馆就聚集在此，诸如"常盘馆""丰阳馆""山阳馆"等。1894 年所建的丰阳馆的房子，迄今仍完整地保留了下来，踏入楼内，从颇为精致的大理石地面和木头扶手的楼梯，仍多少可以窥见当年的面貌，只是住客已经成了"七十二家房客"，有些杂乱。这些也是后来知道的，当年对这些，几乎完全没有感觉，大人们也不清楚它的来历。

近日在当年的芦泽印刷所和芳圜寺的外面，搭建起了写着大大的"酱"字的一整面的青灰砖面的外墙，说是要在这里拍摄一部有关酱园的悬疑片，这面墙将是主要的外景地，周边的房子也稍稍进行了修缮，以营造出 20 年代老上海的风貌。我不知这到底是锦上添花呢，还是画蛇添足。

沿着乍浦路穿过比较宽阔的（也是后来拓宽的）海宁路，东侧的街角，有一座记得是两层楼的西洋建筑，父母亲曾带我到这里看过几次电影（好像还看过戏）。后来才知道，这里其实就是赫赫有名的上海乃至中国第一家正式的电影院——虹口大戏院。1939 年 8 月出版的上海通社编的《上海研究资料》(续集)，对此有较为简单的介绍："虹口（Hongkew），这是上海第一家电影院，位于海宁路乍浦路口。西班牙人雷玛斯（A. Ramos）设。1908 年（清光绪三十四年）开幕，第一次开映的片子是《龙巢》(*The Dragon Nest*)。"（上海书店 1984 年影印本，第 541 页）在《上海电影院的发展》这一篇综合性的文章中，对上海的电影事业的缘起，作了较为详细的叙述：

上海开始有电影院是二十世纪第一个十年内的事情。发动者是西班牙人雷玛斯。雷氏最初到沪的时候，大约是在 1903 年（清光绪二十九年），带了一架半旧的电影放映机与若干卷残旧的片子，另外雇了几个印度人拿着铜鼓和洋喇叭，每天在福州路升平茶楼大吹大擂地闹着。对于看客们每人收钱三十文。数年后，雷氏因大获利润，于是在海宁路乍浦路口建铅皮影戏院一所，仅容两百五十座，即今之虹口大戏院。后又在海宁路北四川路口建维多利亚影戏院，装饰甚为华丽，这是上海有正式电影院的第一声。（上海书店 1984 年影印本，第 533—534 页）

父母带我来虹口影戏院的时期，若我已有记忆，应该是 1962 到 1966 年间，大人的口中，都叫虹口大戏院，不过据史料，1965 年开始，改名为虹口区文化馆剧场，翌年"文化大革命"就爆发了。查阅了文献得知，创设这家影院的西班牙商人雷玛斯（Antonio Ramos Espejo，1878—1944），一半以上的人生在上海度过，这里早期只是简易的铁皮房子，最初的名字叫"虹口活动影戏院"，可容纳 250 名观众。这个名字让我想起了在日本，早期电影的说法是"活动写真"。也许那时东亚的城里人也已经见识过了照片，没想到照片里的人物场景竟然还会活动，于是影片前便冠以"活动"两字，日文中直接将英文的 motion picture 用汉字翻译成了"活动写真"。日本早期著名的电影公司，最大的一家叫"日本活动写真株式会社"，简称"日活"，1935年以后，才改称"映画"，而中文世界，一开始称"影戏"，后来改称"电影"。

话题再回到虹口大戏院。1918 年，雷玛斯斥资拆除了原先的铁皮房子，兴建了后来我看到的新的房子，翌年竣工，占地800平方米，为欧式的拱形建筑（我已经没有深刻印象了），可容纳750名观众，由"虹口活动影戏院"改名为虹口大戏院。我看到过一张1932年拍摄的老照片，影戏院正门，是很大的几个英文字"HONGKEW CINEMA"，后面是稍小的五个汉字，从右至左：虹口大戏院。当年虹口在英文中被拼写成HONGKEW，大概是源于上海话的发音吧，怪不得以前的日本人都将虹口读成ホンキュ（Honkyu），看来是源于英文的发音了，就像今天日文中上海、北京、青岛、香港的发音，也源于英文，而不是通常汉字的日文发音。当年的鲁迅也曾到虹口大戏院来看过电影，1934年2月22日日记记载："午后同广平携海婴并邀何太太携碧山往虹口大戏院观电影。"（《鲁迅全集》第15卷第135页，人民文学出版社1981年版，1991年第五次印刷）

　　我在虹口大戏院里，记得只看过电影，电影的名字也记不得了，至少有越剧的电影。父母亲特别喜欢越剧，也会哼唱。不记得在这里看过戏曲，据说不时也会有戏曲演出。脍炙人口的滑稽戏《三毛学生意》，就是1956年在这里首演的，说来这里真的还是极有意义的地方。我父母若还健在，或许我还可询问一些更详细的情况。1986年，这里改名为"虹口区文化娱乐厅"，主要上演戏曲，以滑稽戏为主，据说著名的周柏春、姚慕双也常在这里登台表演，那时我早已迁

虹口大戏院门口

离吴淞路，正在复旦大学读研究生，也就一直没有再来过。很可惜，1998 年海宁路要拓宽，虹口大戏院成了挡路的障碍，全中国第一座正式的电影院就被无情地拆除了。换了今天，也许会原物移建，那时对旧建筑还没有那么重视，移建的技术或许也不成熟。到了 2006 年 1 月，虹口区政府认识到了它的价值，宣布其遗址为历史纪念地，并在海宁路和乍浦路的转角处树立了一块遗址纪念碑。历史总会留下一些遗憾，这在全世界都是如此，也因此而产生了惋惜和留恋的情感。

我记得，乍浦路再往南一点，虹口大戏院的斜对面，有一座"解放剧场"，也随着大人进去过，对门面和建筑的记忆很清楚，有些大光明电影院的感觉，外观设计很摩登的。这一带，在 20 世纪上半期，是日本侨民（日文称"居留民"）的集聚地，1927 年先是在武昌路那里建造了"东和活动写真馆"，主要放映日本电影，1936 年在现址建成了"东和剧场"，由日本人河野健六设计，完全是美国式的现代风格，共有上下两层，拥有 1006 个座位，算是相当大了。这一建筑一直留存着，抗战胜利后被改为中国文化会馆，中华人民共和国成立后又被改为解放剧场，在我的记忆中，大人们都称其为解放剧场，他们也不知它的由来。我曾跟随大人去看过几次电影，好像也有演戏的，具体看了些什么，有点记不清了，印象有些稀淡了，要是当年父母留存的那些电影戏曲的说明书没有烧毁，今天还有一些文字凭证。解放剧场如今已经变得面目全非了，三十年前乍浦路美食一条街兴起的时候，影剧院的部分建筑被改建成餐馆，后来又倒闭了。如今那一带，已经有些萧条，至少，那里影剧院的功能完全消失了，想来也很可惜。

国际电影院和胜利电影院

　　这两家电影院，在孩童时代的印象中，记忆相对最为清晰。电影院的周边，商业也最为繁华，是我们小时候非常愿意去的地方。

　　国际电影院初名融光大戏院（英文名 Ritz），《上海研究资料》(续集）上也有极简单的介绍："融光（Ritz），在海宁路（乍浦路西）。1932 年（民国二十一年）11 月 2 日开幕。"由广东人梁湘甫、梁海生等出资建造，开始几年似乎一直不景气。1933 年 4 月自拉摩斯公寓迁往大陆新邨的鲁迅，也经常携家人来这里看电影，1933 年 12 月 18 日日记记载："夜同广平往融光大戏院观电影，曰《罗宫春色》。"1934 年 6 月 23 日："夜与蕴如及三弟并同广平往融光大戏院观《爱斯基摩》。"同年 7 月 30 日："夜同蕴如、三弟及广平往融光大戏院观电影《豹姑娘》。"同年 10 月 22 日："晚蕴如及三弟来，饭后并同广平同往融光大戏院观电

75

影《奇异酒店》。"1935 年 4 月 8 日："夜雨。同广平往邀蕴如及三弟至融光戏院观《珍珠岛》上集。"翌日："夜同广平往融光戏院观《海底寻金》。"11 日："夜同广平往邀蕴如及三弟至融光大戏院观《珍珠岛》下集。"同年 11 月 13 日："夜同广平往邀蕴如及三弟至融光影戏院观《黑衣骑士》。"15 日："夜同广平往融光大戏院观《"G"Men》。"（《鲁迅全集》第 15 卷，人民文学出版社 1981 年版）光顾的频率还不低。当然，鲁迅也谈不上对融光大戏院情有独钟，这几年，鲁迅几乎踏遍了上海的主要电影院，其中国际电影院的前身融光大戏院也是他频频踏入的电影院之一。

　　融光大戏院的经营似乎一直不好，连年亏损，到了 1937 年 7 月，已经难以为继，就停业整顿了。恰在此时，八一三淞沪抗战爆发，不到三个月，上海沦陷，日本人占领了苏州河以南的租界之外的整个上海，大戏院被日本人接管，成为中华剧场株式会社直营的电影院，取名为上海国际剧场，主要放映日本电影。1945 年 8 月抗战胜利后，大戏院作为敌产被国民政府接收，由上海市教育局接办，后来转租给国民党中央宣传部，成为其下面的中央电影服务处电影放映站，1946 年的 5 月，又改名为国际大戏院。1949 年 5 月，人民解放军进入上海，次月这里被上海军管会文艺处接管，易名国际电影院。

　　这些历史，我当然都是后来才知道的，在孩童时代的我的心目中，国际电影院是周边一带最大的电影院（大光明电影院有点远，很少去），竟然有 54 排（我至今还记得很清楚），纵深很长，找座位得费点劲，观众退场时，排成了长长的人流。不过只是单层，没有二楼三楼。这里可以放映宽银幕电影。大型音乐舞蹈史诗《东方红》，我就是在这里观看的。《东方红》首演于 1964 年 10 月 2 日，同时被拍摄成彩色电影，不久在全国公映。我看的时候，应该是 1964 年 10 月以后甚至是 1965 年年初，那时我已经八九岁了，记忆已经比较清晰了。我的眼睛大概在小时候就有点近视，那次我记得，我坐得比较靠前，整个电影场景看得清清楚楚，当时是非常的振奋、非常的激动。那些舞蹈，曼妙多姿往往只是一个瞬间，大都在昂扬铿锵的旋律中充满了战斗的激情，许多歌曲原本就是经典的名唱和名曲，诸如《游击队之歌》《保卫黄河》等，还有李光羲演唱的《松花江上》、邓玉华的《情深意长》、胡松华演唱的《赞歌》等，脍炙人口，经《东方红》的演播，越加的深入人心，被广为传唱。现在看来，它当然只是一部近现代中国革命史的概念化的精彩演绎，将红色美学推展到了那个时代的最高点，在当时，它的震撼力和感染力，可谓是无与伦比的，以致时隔近六十年，许多画面和场景、歌曲的旋律，仍然浮现在我的眼前，回荡在我的耳畔。一个时代的烙印，要完全洗去，往往是很困难的。

在国际电影院看的电影，我有明确记忆的，还有一部《追鱼》。这是一部越剧舞台艺术剧，由徐玉兰、王文娟主演，剧情我也看不大懂，但唱腔动听，场面也好看。父母都是越剧的深度爱好者，我也因此对越剧有了一点了解，从头看到尾，一点也不觉得枯燥。"文革"开始后，越剧基本上都被打入了被否定的才子佳人范畴，收音机中不可能再播放，更无处可看，父母这一辈人，都是噤若寒蝉，连吟唱也不敢了。

还有一部电影，印象很深，但片名不记得了，说的是新疆的维吾尔族或哈萨克族牧民的故事，剧情也看不大懂，但之所以印象深，是因为自幼生长在大都市上海的我，第一次看到了与上海及周边景象迥然不同的西北大草原，那辽阔的原野、高耸的山脉和大片的羊群、马群，是我从来没有见过的，电影中还描绘了天气骤变，狂风大作，漫天飞雪，那极端寒冷的气候，也是我从来没有经历过的。我心里想，哦，还有这样的世界啊。至少，电影的画面，开拓了我的视界。

电影散场后，从旁边的通道出来，就是很热闹的海宁路了，电影院的两边，尤其是东边，开着不少商店，大人们口袋里有点余裕，就会买点什么给我们小孩吃。记得有一家虹口糕团店，卖的年糕团最为诱人，年糕团是刚刚蒸出来的，热乎乎的，软软糯糯的，夹一根脆脆的老油条，撒上一把白砂糖，裹起来吃，这对当时的我们来说，差不多是至高的美味了。好像是一角钱。这些，在今天的虹口糕团店，是完全消失了。

我迁居到南苏州路去了以后，还回到这边看过几次电影，我的日记记录，1972年12月6日在这里观看了朝鲜彩色宽银幕故事片《卖花姑娘》。当时上海能够放映宽银幕电影的电影院，还不是很多，国际电影院很早就具有宽银幕了。

胜利电影院，2023年刚刚修复竣工，成了文旅界的一个不小的新闻。位于海宁路、乍浦路、北海宁路三条马路的夹角处的这座小小的电影院，在沉寂、荒废了二十多年之后，终于又"满血复活"，重新展现在了人们视野中。浅黄色又有白色相间的底面显得明亮悦目，三楼顶上，竟然还有一幢庙宇式的纯然中国风的房子，虽有些突兀，却也成了一个不同寻常的标志。这一切，都是修复了本来的面貌。《上海研究资料》（续集）中对此有几条分开的记录："好莱坞（Hollywood），在海宁路乍浦路口。1929年（民国十八年）2月开幕，未几即停。""国民（People's），在海宁路乍浦路口。1930年（民国十九年）7月开幕。1931年（民国二十年）7月归英商高品洋行接办，改名'威利'。""威利（Willie's），见国民条。"由此可知，以前曾经有过"好莱坞""国民""威利"几个名称，且都是有英文的。抗战胜利后，还曾改名为民光剧院。与国际电影院一样，1949年6月被军管会文艺处接管，这一年的12月，易名为胜利电影院。而在我的记忆中，则一直是胜利电影院。

作为一家电影院，在我的记忆中，胜利电影院似乎并没有突出的地位。60年代前半期，好像多半放映纪录片，我父母对纪录片没有兴趣，因此我也很少踏进这里的大门。但有一个活动在我的童年的头脑中烙下了很深的印象。我记不清是 1965 年下半年还是 1966 年的上半年，总之，那时我已担任了少先队中队主席，我上学的川公路一小借这里作为会场，举行一个很盛大的活动，是全校总结大会呢还是专题活动，也记不确切了。那个时候，好像不断有英雄涌现，在雷锋之后，一个很响亮的名字是王杰。王杰是解放军某工兵连的一位班长，1965 年 7 月在为民兵讲授地雷的原理和操作时，不慎走火，王杰为掩护其他人，奋不顾身地扑向地雷，英勇牺牲，被追认为革命烈士。当时的各大媒体都在着力宣传王杰的英雄事迹，轰轰烈烈，学校也号召我们向王杰叔叔学习。那次的活动中，有一个舞台大合唱，我大概小时候嗓音还可以，也或许因为是一个乖乖男，被选为领唱者，我记得唱的歌曲就是歌颂王杰的。人生第一次站在那么大的舞台（其实也不大）上，我的声音甚至都有点颤抖了。对于我这样一个不到十岁的小孩来说，胜利电影院已经是一个很宏大的场面了。

　　也曾经跟着大人去看过几场电影，不记得看了什么，大概是纪录片吧，那个年龄的我，大半都还看不懂。不过看完电影，多半会到电影院建筑一层的一家南北杂货店去走一下。其南北两个门面，一边在海宁路，另一边在北海宁路，我们多半是从海宁路的门进去，从北海宁路的门出来。1964 年到 1966 年上半年，那时经济已经完全从三年困难时期恢复过来了，印象中，市面还挺繁荣的，货物供应比较充足，南北杂货店里，总是熙熙攘攘地挤满了人。

1966 年下半年开始，电影院、剧场几乎全都关上了门。1967 年 10 月，我也迁离了虹口，胜利电影院后来的情况，我也就不甚了了了。

群众电影院

群众电影院对我来说，差不多是自幼最为亲近的一家电影院了。褐色的面砖加上土黄颜色的外墙面，除了两侧拱形的窗户，整个的建筑样式，接近美国的大都会风格。我之所以会对它感到亲近，是因为它的左近就是我最初所上的川公路第一小学，1964 年 9 月以后的两年间，我几乎每天都要从它的门前走过。从虬江路邢家桥南路穿过一条短短的小小的厚德路，到了四川北路往右一拐，就是群众电影院了。电影院的两侧都是商店，记得东侧是一家挺洋气的糖果店。小时候，不喜欢清静安闲的地方，喜欢人多、热闹、灯火明亮。在我孩童时的印象中，群众电影院及其周边，正是这样的一个地方。

当然，群众电影院也是后来的名称了。最初是由广东的珠宝商吴氏在 1931 年建成的，取名为广东大戏院，主要上演粤剧。1943 年被占据上海的日本人接收，改名为虹口中华大戏院。抗战胜利后，改名为虹光大戏院。1951年4月曾一度交给驻沪部队，改为华东公安部队大礼堂，不久又交还上海地方政府，改名为群众电影院，1953年2月大修竣工，改名为群众剧场。但不知为何，我们小时候都仍然叫它群众电影院。

学校曾组织过好几次到里面看电影，记得《小兵张嘎》《地道战》等抗战题材的电影都是在这里看的，日本兵的愚蠢、蛮横、凶恶的形象，就是通过这一类电影塑造起来的。即使现在想来，那个时候的大部分日本兵，也应该就是这样的形象。

然而在我幼年的心头上造成了一次不小冲击的是，1965年的初秋，我在放学后回家的路上，在群众电影院门口看到了一批穿着深色西装的年纪不大的人。当时的中国，已经看不到穿西装的人了，他们的出现，立即引起了包括我在内的所有路人的好奇。他们的胸前都别着一个很醒目的徽章，我记得主要是由三个气球形状的图案构成的，那时我已有点识字，几个气球的交叠处，很巧妙地镶嵌了"中日"两个白底的汉字。旁人说他们是日本人，我吓了一跳，心想可怕的日本人怎么来到了群众电影院？然后看他们的模样，倒是一点也不可怕，穿着整齐的西服，还系着酱红色的领带，显得很有礼貌。后来我才知道，1965年的八九月间，由中日友好协会、中华全国青年联合会和中华全国学生联合会共同发起倡议，举办了一场规模不小的"中日青年友好大联欢"，邀请了不少的日本青年到中国来访问，群众电影院就是一个友好大联欢的活动场所。这是我有生以来第一次见到活生生的日本人，甚至，也是我第一次看到穿着西装系着领带的人，地点就在群众电影院的门口。

迁居至黄浦区以后，我仍然在群众电影院看过电影，1972 年 6 月 21 日的日记中记道：

（在外祖母家、即吴淞路 658 号）吃过晚饭后，独自去群众电影院观看了新近拍成的彩色舞台艺术片《龙江颂》。记得去年初春，曾在儿童艺术剧场观看过《龙江颂》京剧试演，这次再看，印象很深。

这部京剧的思想内容是很典型的，成功塑造了江水英这一无产阶级的光辉形象。影片感染力极强，色彩鲜明，艺术造诣是很高的。

走出电影院后，雨已停歇，空气异常清新。

《龙江颂》，70 年代及以后出生的人大概都很陌生了，那是在八大样板戏之后制作出来的一部现代京剧，唱腔音乐以及舞台装置等，都不无可取之处，故事也不是无中生有的，我当时作为一个中学生的感想，应该也是真实的。但该剧的整个思路，还是相当"文革"的，也是高大上炮制的一个典型。

四川北路上以前还有很多家电影院，在海宁路口的那幢侧面狭窄的、有中国银行虹口分行在内的七层楼的房子（最早是四行储蓄会虹口分行）里，曾经有过一家不小的电影院，《上海研究资料》（续集）中介绍说："维多利亚（Victoria），在北四川路海宁路口。雷玛斯继虹口影戏院设。座容750人。1926年（民国十五年）3月，改隶中央影戏公司，并经改名为'新中央'。"后来关闭了，我小时候就没有踪影了。另一家也在相距几十米的四川路上，就是今天今潮8弄的对面，《上海研究资料》（续集）上也有寥寥数语的介绍："爱普庐（Apollo）。在北四川路（海宁路北），郝思倍氏（S. G. Hertzberg）于1910年（清宣统二年）创设，至1931年（民国二十年）底停闭。"我自然也不可能见到过。在国际电影院西侧靠近四川路的地方，原来还有一家海光大戏院，地点就在现在海宁老年公园这里，今天已毫无踪迹了。

由此看来，从群众电影院到虹口大戏院的区区一平方公里多一点的地方，以前曾汇聚了近十家影戏院，也真是很了不得了。那里还有一些当时挺有名的饭店，诸如群众电影院斜对面的"三八"，四川北路海宁路南侧转角的"凯福"，都是我们小时候向往而很难踏入店门的"高大上"，常常听我外公说，你有本事，到"凯福"去摆一桌。在当时，这是很阔气的举动了，那个年代，"凯福"是我们仰望的存在。如今，时过境迁，那一带也是明显地衰败了。几年前路过那里，群众电影院的建筑依然巍然高耸，五层的老建筑，前几年修葺一新，两边褐色的砖墙依然很有魅力，建筑顶部"群众影剧院"几个金色的大字在阳光下灿灿发光，可是电影院却早已关闭。正中央挂着一块褪色的简陋招牌"常熟红木家具展"，却是拉下了卷帘门；左边的一个门面，隐约可以看见"么么茶"几个字，也落下了卷帘门；右面的店招还相当鲜艳，上书"吴记 糖炒栗子 四川北路店"，大概因为不是栗子的季节，也是大门紧闭。稀疏的行色匆匆的路人，更映衬出街面的萧条。国际电影院几乎已不放映电影了。胜利电影院修复以后，短暂地热闹了一阵，如何真正复兴，似乎也是前景渺茫。

四

我在南京路上念了三年半小学

保安坊里的弄堂小学

1967 年 10 月，吴淞路 658 号的孩子都渐渐长大了，二楼朝北的那间八个平方米的亭子间，已无法容纳我们一家四口的栖息。不得已，父母从电线杆上张贴的换房信息中，找到了南苏州路 801 号三楼的一处朝北的房子，不到 14 平方米。那个年代，完全没有可以买卖的商品房（几乎没有一个人有自己独立的房屋产权），也没有任何房屋中介，除了向工作单位申请住房改善（那个希望对于一般人来说是微乎其微），自己能找到的途径，就是从张贴在电线杆（那时很多还是木制的，老上海一般称"电线木头"）上的换房信息去寻找，或是通过熟人的介绍，互换房子的居住权。

南苏州路 801 号，靠近街角，大半沿着苏州河，小半偏向浙江中路，从窗户望出去，是涨潮时水色浑黄、退潮时水色乌黑的苏州河，西侧是状如外白渡桥的浙江路铁桥。向正北边眺望，还可见到北站那边新建的五六层楼的上海铁路局的办公楼。河面上是穿梭不息的各种货船，可见到一个人或两个人一起推摇着木橹，也有机动船，不少还是一艘拖轮拖着一串没有动力的木船，终日里声响不息。经常可以听到一句从电喇叭里传出的上海话，曰"推艄摇、推艄摇"。我也不解其意，大概是用力摇橹的意思吧。河边是很随意的码头，一些货船随意将货物抛置在河边的南苏州路上（我想北苏州路也是如此吧），多半是一些资材，诸如生铁之类，同时或过一会儿会有各种车辆把它们拉走，人力拉车、人力骑车或是卡车。人力拉车那时叫劳动车，人力骑车叫黄鱼车（现在也常可看见，只是安装了一个小马达，人力变成机动了），为何叫黄鱼车，大概是以前经常用来贩运鱼鲜的缘故吧，没有深究。装卸货物，夜半也不间断，哐啷铿锵的噪音划破了深夜或凌晨的宁静，有时几个小时无法入睡。苏州河南岸的这一段，多半是仓库（北岸现在成了时尚地苏河湾），路上人迹稀少。河对面的浙江路桥的西侧，是一个粪码头，人推或人拉的粪车，或是油罐车模样的粪车（后来这些成了主流），通过河边的粪池或简陋的设施，将粪便卸到停在粪码头的木船内，木船驶往郊区乡村，粪便在那里用作粪肥或是其他用途。南苏州路厦门路尽头（称作老闸桥）也有一个粪码头。作业的时候，臭气难免会随风飘散，与污浊的水臭交杂在一起，在空气中滞留。那时的苏州河，哪里谈得上什么河景，只是一条让人想逃离的巨大的污水沟而已。

日本女作家佐藤俊子 30 年代末来到上海，站在外白渡桥上细细观察船上众生的生活相，写了如下的文字：

外白渡桥下的苏州河一带，多的时候停着上百艘运输船。站在河岸上眺望他们的生活。男的大抵衔着香烟在与邻船的人闲聊，或在船上无所事事，而女的则忙于在河里洗着什么，或在编织渔网之类，上至弯腰弓背的老太婆，下至十来岁的小姑娘，都在忙碌着。男的女的穿得都很破旧。在船上玩耍的孩子也都头发蓬乱，衣服污旧，光着脚。船顶上晾着犹如破布一般的婴儿的尿布。但是船内打扫收拾得很干净，桌子和锅碗瓢盆等刷洗得干干净净挂在柱子上。即使生活贫穷，但在与家务活相关的这些事上，中国妇女是非常勤劳能干的。（「上海に於ける支那の働く婦人」，『婦人公論』1939 年 2 月号，第 314 页）

这样的情景，在 20 世纪 60 年代到 80 年代前期，大抵还残留着。

1967 年秋季开始，在停顿了整整一年之后，学校重新恢复了上课，那时的口号是"复课闹革命"。也就是说，在我或者与我同年的人的教育生涯中，小学三年级是完全的空白。从吴淞路 658 号迁出来，也就意味着我必须要离开川公路第一小学了。当时我的居住处属于黄浦区南京东路街道，我的归口小学是南无锡路小学。我们是刚来乍到，对新的环境几乎一无所知，但陆续听邻居说，那个学校的风气不好，调皮捣蛋者甚至不良少年很不少，父母有些担忧，我自己也很害怕。经过了"文革"初期整整一年的闹腾，原来的社会秩序正在失范，所谓的流氓阿飞颇为猖獗。我也不记得是通过怎样的途径，父母把我送进了属于北京东路街道的南京东路小学，距离我的住处，大概有一公里多的路程，步行要十多分钟。

南京东路小学，还真的在南京东路上，是在张小泉剪刀店和工商银行之间的一条叫保安坊的弄堂（南京东路486弄）里，确切的地址是南京东路480号，规模比原来的川公路一小要小多了。从一个不太小的门进去，底楼与学校无关，沿着左边一条有点考究的磨石子地面的楼梯走到二楼，才是小学的领域。从左边的门进去，走廊上黑黑的，一盏灯下，是很大的毛泽东的画像，一早就有一胖一瘦、一矮一高的两个人，弯着腰，低着头，在请罪。后来听说那个矮墩墩的，带点络腮胡子的，是"右派分子"，高高瘦瘦的，已经上了点年纪，据说是地主分子。"地富反坏右"（地主、富农、反革命分子、坏分子、右派），那都是阶级敌人了。可我觉得他们俩每天这样弯着腰，看上去很可怜（显然我的阶级斗争"觉悟"不够高），不经意间，会暗暗地投去几许同情的目光（这个问题就更严重了）。

南京东路小学所在的那栋房子，四层，红砖的墙面上镶嵌着白色的方块，简洁而不单调，深色的钢窗、地板，我们班的教室窗外就是熙熙攘攘的南京东路。底层的工商银行，后来才知道，最初是女子商业储蓄银行（Women's Commercial and Savings Bank），是中国第一家女子银行，开业于 1924 年，如此算来，这幢房子已有差不多一百年的历史了。徐志摩的前妻张幼仪，在与徐志摩离婚后，曾担任这里的副经理，在业务上很有成就。当然，当时我连徐志摩也不知道，遑论张幼仪了。

担任我们班主任的，是四十来岁的殷曼琳老师，鹅蛋脸，有点锥形的下巴，小嘴，很挺的鼻子有一点鹰钩状。一听这名字，就不是工农出身的。果然。因此殷老师总是不能挺起胸膛亮起嗓子，仿佛自己带着原罪。后来换了一位班主任，叫何国朗，鼻子略有点阔阔的，嘴大大的，虽然戴着眼镜，却毫无书卷气，声音响亮，一如她的名字。何老师做事情有魄力，往往雷厉风行，铿锵有力，也有担当，热心肠，一些调皮捣蛋的男生，见到她也有点怕。她们两位好像都是语文老师。

我依然是一个乖乖男，总是能赢得老师的欢心，做了一个"红小兵"的干部（那时少先队已经被暂时取消了）。其实我毫无干部的才干，根本没有能力在同学中呼风唤雨、叱咤风云，也没有人愿意云集在我的麾下（我根本就没有麾）。我唯一能做的，就是出黑板报，或者参加文艺小分队，唱一点歌，这些连雕虫小技也谈不上。

那时好像也没有像样的教材，"文革"前的教材都不能用了，那是"封（封建主义）资（资本主义）修（修正主义）"的东西，必须废弃。新的教材，好像一时也没有编好。上课完全不重要。学校经常请一些工人师傅来上阶级斗争教育课，主要就是忆苦思甜，控诉万恶的旧社会。有时候也去校外参观，接受革命教育。那时候，有所谓学英雄人物、记红色日记的风潮，我居然还保留了一点当年的日记，不妨摘录几篇，以窥那个时代的一点底色：

1970 年 1 月 10 日

今天下午去中山公园参观了"泥塑收租院"。"收租院"生动地反映了旧社会劳动人民深受三座大山的压迫，累死累活，还是过着吃不饱穿不暖的生活。看看现在，我们多幸福啊！

我决心在这伟大的毛泽东时代，度过自己美好的青春，为人民服务一辈子。

1970 年 2 月 16 日

今天开学了，我们学校进行了开学典礼，请来了一位老师傅给我们进行巴桑家史的教育。虽然听过好几次了，但每次听起来总觉得很感动。巴桑的童年与我们相比，真是不能比的。我们应该不忘过去的苦，在教育革命中立新功。

1970 年 3 月 9 日

我们学校为了响应区革会献砖献料制造防空洞的号召，掀起了向国家献砖的高潮。下午我与几名同学一起去拾，拿了大筐，走了一大段路才拾了一点点，后来费了好大的时间才拾了一筐，在回家的路上，大家用毛泽东思想指挥战斗，用了九牛二虎之力，才把它送到了学校，但我总觉得做得很不够，今后必须努力，为人民作出更大的贡献。

1970 年 8 月 19 日

今天在少年宫参观了"用毛泽东思想占领校外阵地"的展览会，展览会的内容丰富，有大批判，有小小班，有军队训练，等等。这些学校的红小兵听毛主席的话，按毛主席指示办事，我要学习他们，无限忠于毛主席。

1970 年 8 月 31 日

山东路体育场今天热闹非凡，为什么？我们在这里举行了盛大的开学典礼，请来了工人老师傅进行忆苦思甜教育，听起来真叫人眼泪止不住啊！旧社会我们劳动人民吃了多少苦，吃不饱，穿不暖，终日给剥削阶级干活，还要挨打受骂，看看现在，越想越对党和毛主席感到热爱，越想越对我们这个社会主义国家感到热爱！

这些日记比较真实地折射出了那个时代的底色。写这些文字的时候，在我的潜意识中，一定存在着希望自己一旦像英雄人物一样"壮烈牺牲"，这些红色日记也能为自己抹上鲜亮光色的动机。

那时候，经常有毛泽东的最新指示发表，一旦发表，就是特大喜讯，我们都要列队到外滩的市革命委员会（简称"市革会"）去报喜，尤其是1969年的中共九大召开，成了一件天大的要事，我们那时还不大懂，但看着毛主席神采奕奕的样子，我们也都感到无比的开心。我们学的第一句英文就是"Long live Chairman Mao!"那时市政府没有了，市委好像也不提了，"市革会"就是上海最高的市政当局了。区长、校长、厂长、医院院长等也废除了，都叫某某革命委员会（革委会）主任，连居民委员会也叫某某里弄革命委员会，简称里革委。这样的名称，一直延续到1977年。报喜有时在白天，大都在晚上，因为最新指示的发表大都在晚上。于是我们载歌载舞，欢欣雀跃，摇动着自己做的葵花，跳着葵花舞，从校门口出发到外滩的"市革会"门口去走一圈。

后来升入红光中学时担任了红卫兵团长、多年后又当上了上海图书馆馆长的吴建中，比我高一年级，就住在保安坊弄内，在学校的斜对面。他的个头比较高，也是红小兵的干部，能言善辩，能歌善舞，在文艺小分队里很讨女同学的喜欢。我是瘦瘦小小的一个，很少有异性青睐，只能偷偷地看几眼漂亮的女孩子。

1970 年 6 月，我们应该小学毕业了，可是传来上面的通知，说是要改为春季入学春季毕业，我们就在小学里多待了半年，依旧没上什么课。

陶朱里、景和里

　　我跟自己家附近的人，几乎没有什么交往，却跟班里的大半同学都成了好朋友。这些同学，绝大部分都住在从福建中路进入的两个弄堂，弄口分别向西，一个叫陶朱里，福建中路266弄，北部的边界在九江路，一个叫景和里，福建中路246弄，南部的边界在汉口路，在南北也都有出口。这里原先的房子早已拆除了，代之而起的是王宝和大酒店二期。我虽不是这里的居民，当年弄堂的格局模样，却深深地镌刻在了我的脑海里。

　　陶朱里、景和里，实际上共有三条弄堂，中间的一条，是陶朱里和景和里共享的。从陶朱里进入，左侧差不多是房子的后门，但住户都是从后门进入。正门在九江路上，那里开着几家店铺，好像是另一个系统。右侧首先是一条支弄，通往陶朱里的后门弄堂。陶朱里这条弄堂的南侧，是一排房子的前门。房子朝北，典型的石库门住家，每个门牌号内，

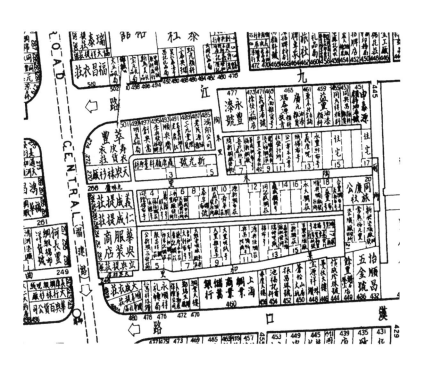

1947年《上海市行号路图录》中的陶朱里和景和里

都有一个不大的天井，4号里两边都有厢房，往后的6到10号等，只是单厢房，底层有一条小通道，通往后门，就是陶朱里和景和里共享的弄堂，这条弄堂两边的房子，都是后门，景和里房子的正门朝南。我或是同学们平素串门，多从后门进入，有着黑色大木门的前门往往会关闭。

梁实秋1927年在上海写过一篇散文，曰《住一楼一底者的悲哀》，说的就是石库门住房，兹摘录一部分：

一楼一底的房没有孤零零的一所矗立着的，差不多都是像鸽子窝似的一大排，一所一所的构造的样式大小，完全一律，就好像从一个模型里铸出来的一般。……房子虽然以一楼一底为限，而两扇大门却是方方正正的，冠冕堂皇，望上去总不像我所能租赁得起的房子的大门。门上两个铁环是少不得的，并且还是小不得的。……一楼一底的房，附带着有一个楼梯，这是上下交通唯一的孔道。然而这楼梯的构造，却也别致。上楼的时候，把脚往上提起一尺，往前只能进展五寸。下楼的时候，把脚伸出五寸，就可以下跌一尺。吃饭以前，楼上的人要扶着楼杆下来；吃饭以后，楼下的人要捧着肚子上去。穿高跟皮鞋的太太小姐，上下楼只有脚尖能够踏在楼梯板上。（原载《三民周报》1927年第17期，徐静波编：《梁实秋散文选集》，百花文艺出版社1988年版，第16—18页）

石库门弄堂

　　梁实秋那时是一个小家庭独住在一楼一底的石库门房子内，对于从小生活在石榴天棚金鱼缸的四合院里的他来说，自然谈不上很宽敞，但对六七十年代的上海一般居民而言，这几乎是一个无法企及的奢望了。一个门牌号内的石库门房子里，往往会住上四五户或者更多的人家，这家的门紧挨着另一家的门，几户人家共用一个小小的厨房，而上下的楼梯，依然如梁实秋那个年代一样的黑暗陡峭。很少有人家一户住两间房，绝大多数都是仅仅一间房。我去过的两个同学家，住整一面的厢房（也就是前厢房后厢房没有分隔的那种），自己在里面又搭建了一个阁楼，在当时的我看来，就算很宽大了。后来读了一点书，看到书里写的客厅、书房、卧室、起居间、盥洗室，等等，甚至都难以想象究竟是怎样的格局，真是贫穷限制了想象力。

　　那时我脑子开了一点点窍，喜欢上了读书。当然家里几乎没有片言只字，一点点影戏说明书也都烧掉了，到同学家里去，总爱探寻他们家里有没有什么书籍，多半是失望而归。但也有几家，陶朱里的周伟家里（他的父亲好像是一位处级干部，受过教育），竟然有一个书橱，我在里边翻到了一本中国地图册。这是我第一次看到正儿八经的地图册（小学和中学里没有上过一天的地理课），如获至宝，以后又在别处看到了世界地图册，反复研读。我少年的时候，包括中国地图在内的整个世界地图，差不多都装在了脑子里，真的一辈子受益。当时我感到很奇怪的一点是，整个中国（那本地图册好像是 60 年代出版的），为何独独地处偏远的东北地区铁路网最为密集？中国的中部腹地甚至沿海地区为何反而很稀疏？我直到很晚，才明白了其中的缘由。

又在住在景和里底端的刘大冬同学家里，看到了几十本《少年文艺》杂志，逐一借来阅读，当时就想，那个年代多美好呀。这些阅读，培养了我最初的文艺情愫。还在陶朱里的朱养中同学家里，听到了"文革"前的一些唱片。他们家里居然还有一台留声机。我在他家里听到了马玉涛的《马儿呀，你慢些走》、吕文科演唱的《克拉玛依之歌》，仿佛听到了天籁之声（后来知道，这世上有着更多美妙的天籁之声）。这些歌唱祖国建设新貌的歌曲，"文革"时竟然都受到了禁止。这些歌，听得我如痴如醉，自己也跟着唧唧哼哼地唱，多少也培植了一点我对音乐的喜爱。养中的父亲在公安局供职，看上去却像一位文弱的书生，喜爱读书，为人和蔼。养中的家不大，却收拾得极其洁净，在那个年代，每次都是要脱了鞋进去的，我们就坐在地板上，静静地欣赏着留声机里播放出来的美妙的音乐，声音开得轻轻的。

如今，那里的房子全都拆掉了，不留一丝的痕迹。往事如烟？往事并不如烟。

那个年代的南京东路

　　南京路，距离我原来居住的吴淞路 658 号也不太远，以前也数次跟着小伙伴走到外白渡桥那里，但自己一个人没有来过，之前都是父母等大人带着来的。隐约的记忆中，还有叮叮当当的有轨电车驶过。大约后来觉得市中心内，车速缓慢的有轨电车碍事，于是 1908 年开通的南京路上的有轨电车的车轨，终于在 1963 年 8 月 15 日被彻底拆除了，以后有轨电车就从市区销声匿迹了，只剩下虹口公园通往江湾五角场（那时这一带就算郊外了，五角场属于宝山县）的一条 3 路电车，还一直延续到了 80 年代初期。

　　久居上海的岛津长四郎编集的、初版于 1913 年、第九次再版于 1921 年 1 月的《上海案内》，对当时的南京路（当时的南京路即现在的南京东路）曾有这样一段描述：

南京路（大马路）。从巍然耸立的汇中饭店 [1] 往西的大厦鳞次栉比的电车路，称为南京路，俗称大马路，大马路的叫法更广为人知。大马路宽七八间（一间约 1.82 米）至十一二间，是上海第一大街。工部局市政厅 [2] 在街的西面，再往西是跑马场及新世界（游乐场），跑马场这边向西，就是外国人住宅集中的闲静的静安寺路 [3]，路上种植了娑罗树，外国人商馆、中国人的大商店诸如永安公司、先施公司及其他银楼等，都集聚在此。其建筑之华美、商业之繁荣、地理位置之中心、街面之殷赈，实在堪称上海马路之王。每天正午前至下午五时前，尤其是举行跑马的当天，汽车、马车来往如织，而电车则穿行于其间，其热闹之景象，真可谓东洋的欧美都市。我国的朝鲜银行、村上洋行、中国 [4] 东京两大电气会社等均在南京路的东方，而咖啡馆、酒吧等则在马路的中部。（岛津长次郎编集：《上海案内》，上海金风社 1921 年第 9 版，第 44—45 页）

1923 年来到上海，在上海逗留了两个月并在日后创造

---

[1] Palace Hotel，现在的和平饭店南楼，建于 1906 年，那时沙逊大厦即今天的和平饭店尚未建造。——引译者注

[2] Town Hall，日文原文为"上海市会议事堂"，地点在今天的南京东路贵州路口，1929 年后改作他用。——引译者注

[3] 今南京西路。——引译者注

[4] 这里的中国指日本的中国地区，在战前日本的出版物中，对中国几乎都不用中国一词。——引译者注

了"魔都"一词的作家村松梢风，对南京路先是作了一番赞美：

> 所谓大马路，是上海首屈一指的繁华大街，鳞次栉比地排列着比东京银座更高级的大商店。像先施公司、永安公司等，还有其他一些著名的百货公司大抵都在这条街上。街中央通行着电车。马路上汽车络绎不绝，川流不息。（《魔都》，小西书店 1924 年版，第 13 页）

然后村松梢风又对光鲜背后的南京路上的各种犯罪，作了有些夸大的渲染，他在《魔都》中绘声绘色地叙述了某个妇人在光天化日之下的南京路上被几个西洋人悄无声息地用麻药醉倒，然后携入车内扬长而去的故事；一对日本夫妇分坐两辆黄包车前往某地，途中男的回头相望，载着其夫人的那辆车已经杳无踪影，事后再也无法寻到她的踪迹。自然，这些都是来自他的听闻，但是用笔墨渲染之后，就不免使人徒生恐惧之感。喧阗芜杂的上海街市，在梢风的笔下则成了如下的场景：

> 总而言之，上海是一个喧嚣不安的地方，想一想看一看都叫人无比害怕的地方。……在街上行走时，不可神情恍惚。狭窄的马路上，电车、汽车、马车、人力车如梭如织。在路上行走彼此间差不多都要推推搡搡。真不知道这么多的人是

从哪里蹦出来的。人群在密密麻麻地蠕动。稍不留神，钱包呀手表呀就会失踪。而且不小心的话，即便不被汽车撞死，也会让黄包车的拉手棒捅伤了腹部。在上海，即使汽车、电车轧着了人也不会受什么大的处罚。（同上，第20—21页）

那个时代，上述的现象恐怕也不是无中生有。那时上海被划为公共租界（英国人是主要的主政者）、法租界和华界，大抵各自为政，犯罪者在一地作案后，迅速潜往另一地，即可逃脱犯案地巡警的抓捕，因而一度犯罪猖獗。我在南京东路小学读书（其实基本上没读什么书）的时候，以及后来升入红光中学，甚至之后上班工作的几年，都一直在南京东路走过，这时整个街区的环境和氛围，与四十多年前自然已不可同日而语了。南京路还曾一度被改名为"反帝路"，六七十年代的时候，社会治安还不错，公然的偷盗不可能发生，但是商家的店名，都被改得很无趣，一过六点，大都关门打烊，夜里都是黑漆漆的。

我对20世纪60年代末期至80年代前期的南京东路的界隈，还算比较熟悉。

保安坊的西面，是张小泉剪刀店（那时还有没有张小泉冠名，记不真切了），西侧原来有一家不大的庙宇，曰"红庙"，又写作"虹庙"，我觉得后一种写法是正确的。这座小庙"文革"时被关闭了，"文革"前曾跟随大人进去过，不喜欢里边那种影影绰绰的气氛，觉得有点怕怕的。虹庙在

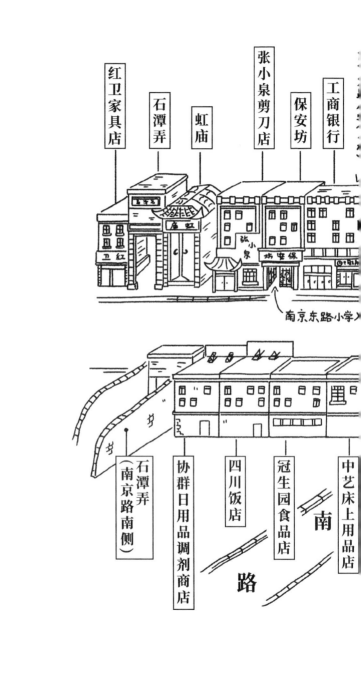

红卫家具店

石潭弄

虹庙

张小泉剪刀店

保安坊

工商银行

南京东路小学

石潭弄（南京路南侧）

协群日用品调剂商店

四川饭店

冠生园食品店

中艺床上用品店

南

路

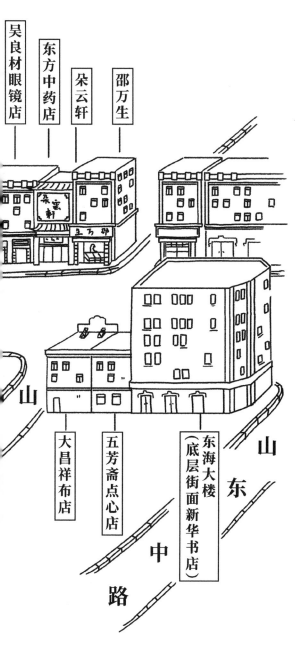

吴良材眼镜店

东方中药店

朵云轩

邵万生

山

山东

中

路

大昌祥布店

五芳斋点心店

东海大楼（底层街面新华书店）

那时保安坊附近的南京东路街面

80年代后期恢复了，好像香火还挺盛。虹庙的西侧是一条窄窄的弄堂，曰"石潭弄"，我很少从那里走。过了石潭弄，是一家家具店，冠名"红卫"，很有"文革"的味道，那时的家具，到后来都必须凭票供应，家具的样式，也实在不敢恭维。

保安坊以东，工商银行过去，有一家鞋帽店，再往东是吴良材眼镜店（那时是否有吴良材的冠名，不敢确定），旁边是传统中药店蔡同德堂，但那时改名叫"东方中药店"。东面是著名的"朵云轩"，好像也曾一度关闭，到了1971年前后恢复开放。山西路的西侧，是赫赫有名的邵万生南货店，好像"文革"初期也曾改过名，但一般民众的口中，始终叫邵万生。原来是一家妇孺皆知、老幼喜欢的食品店，浙江人尤其青睐，黄泥螺、醉蟹等一直在上海独占鳌头，"文革"后期，物品越来越紧缺，邵万生也只能勉强维持了，80年代以后，才重新复活，迄今仍然很兴盛。

保安坊对面的商店，有点记不确切了，但与虹庙这边的石潭弄相对应，南京路南侧也有一条石潭弄，而且更为我们所熟知，因为靠近九江路和陶朱里。南京路石潭弄东侧的转角处，有一家"协群日用品调剂商店"，门面不算小，实际上这就是一家旧货商店，家里不需要的、成色还较新的物品，可以卖给店家，店家再稍作整饬把它卖出来。这家店我记得开了蛮久的。再过去，有一家"四川饭店"，算是上海历史比较悠久的川菜馆。不过那个年代，几乎人人囊中羞涩，一般小民，非重大缘由，是不会踏入饭馆大门的。那家店，我记得一直到了1979年我考入大学，踏上北行的旅程前，我的中小学时代的几位好友，以及中学时代给了我们许多教诲的陈荣樵老师，在这里为我饯行，才第一次在里面吃了一顿晚饭。记忆中，并无特别的川菜特色。四川饭店的东面，是冠生园食品店，那时是否还保留着冠生园的店名，我不敢确定，但大家口中仍称其为冠生园，80年代初，肯定恢复了。还有一家马永斋熟食店，也是让我们垂涎欲滴的店家，80年代初，我与现在的妻子已经谈恋爱，她家就住在九江路山西路口，到这里来买过几回熟食，叉烧、白鸡、烤麸之类，现在都是寻常食物，那时也是难得的美味。

　　南京路山西路的西口，是一家"中艺床上用品店"，东口是"大昌祥布店"，店里有一道风景，就是店的中间靠壁的较高的地方，有一个坐着两位收银员的收银台，顾客看中了某块布料，剪下包装好，付了钱，柜台的店员便将钱款和收银单据用夹子夹在一根钢丝（铁丝？）上，用力滑向收银台，收银员将要找回的零钱和单据夹起来，再滑向柜台的店员那里，店员再交给顾客。只见店内钢丝呈放射状布满在头上，夹着钱款和单据的夹子在钢丝上迅速来回滑动，发出嚓嚓的声响，不绝于耳，煞是热闹。当然，这样的风景在手机付费的今天早就消失了，可在我少年的记忆中，依然还是那样的鲜活。这种方法现在看来虽然有些老土，在当时却相当有效率。

布店的东面，是持续了很久的五芳斋点心店。五芳斋的声名，在上海可谓家喻户晓，那里的苏帮汤面、小笼包和小馄饨，征服了绝大部分上海人的口舌，天天顾客盈门，生意兴隆。那个年代，外地人很少，旅游业完全没有，偶有出差来上海的，也必须自己备好全国粮票，不然即使有钱，也吃不了任何东西。

距五芳斋不远的东面，是慈淑大楼，那时除少数上了年纪的人会叫它慈淑大楼外，我们知道的名称，都是东海大楼。后来了解到，这块地皮最初是犹太商人哈同购入的，1931年大陆银行向其租入地皮并投资兴建了现在的这幢大楼，由中国建筑设计师庄俊设计，公记等几家建筑商分期建造，1933年（又说1932年）竣工，因是大陆银行投资，初名大陆商场。1938年哈同夫妇将大楼收回，以哈同夫人罗迦陵（中法混血）的号"慈淑"命名为慈淑大楼。1956年，收归国有的这幢大楼被改名为"东海大楼"，不过十多年而已，我小时候的60年代末，一般人已习惯称其为东海大楼。这幢建筑虽然楼高只有七层，却显得相当的高伟、端庄，这里后来成了上海商业一局、二局，上海供销合作社的办公大楼，我见到的时候，已经有些破旧，每日但见穿着藏青或青灰卡其中山装的男女，鱼贯而入，鱼贯而出，沉闷而单调。沉闷、单调，也许是那个时代日常生活的基本色。

偶尔，也有些许异色闪出几丝寂寞的光彩。这就是

1958年开在南京东路东海大楼底层的友谊商店。只是，一般上海市民是不准踏入的。那里是专供外国宾客、国际海员、海外华侨购物的地方，后来有所谓的"兑换券"，60年代末期还没有发行，大概是直接用外汇购买的吧。里边有中国当时最高档的、品质最佳的商品，也有世界各国的商品。东海大楼的友谊商店，我从来不曾踏入过，但其门前常常是人头攒动，因为，在这里，可以见到外国人。外国人，在那个时代真是一个稀罕物，偶尔会有几个外国的旅行团来到上海，一旦在友谊商店门口出现他们的身影，周边的人立即蜂拥上前。他们鲜亮的服饰，各色的发型，还有国人非常陌生的奇异的香水味，都让长期处于沉闷单调氛围中的国人为之兴奋不已，围观的人们的脸上，显现出复杂的神情，好奇、惊讶、羡慕，或许也夹杂些鄙夷、不屑的目光。只是，那时能够进入国门的外国人，实在是少之又少，友谊商店门前的亮色，也犹如昙花一般，瞬间就消失了。友谊商店不久就迁往北京东路了。

　　东海大楼的街面，似乎就是原来的友谊商店的位置，后来又开出了新华书店。"文革"期间，一直没有像样的书籍出售，一直到了1978年5月1日，上级部门决定重印一批"文革"前出版过的中外名著，这不啻一道春雷，我当时的日记（此时基本上已褪去了红色），很真实地记录了那时的情景，不妨抄录如下：

1978 年 4 月 30 日　晴到多云　星期日

到（马）成樑处，（赵）坚（均是我小学中学的同班同学——抄录者注）也来了，一起谈起了明日书店里要卖一批中外文学作品，提议是否去买一下。于是又到南京东路的新华书店去看一看，呵，不得了，明早卖书，现已排起了好长的队，乱哄哄的，好不热闹。我们看着这热气腾腾的场面，不觉也动起心来；排过夜吧，坚等身体恐怕不行，于是决定明日凌晨三点多来此排队。

5 月 1 日　少云　星期一

早上很早起来了，看了一下表，才三点敲过，匆匆赶去成樑处，远远望见成樑已经在（陶朱里）弄口迎候我了。坚在古籍书店排队，我们急忙赶往新华书店，好在人并不是很多，队伍拐进九江路并不长。于是我们几个人胡乱编了一下号，估计已在千余人之后了。四点，五点，天渐渐亮了，排队的人很快地多了起来，到了六点钟，队伍已经延长到了山西路，向北拐进山西路又朝东折向汉口路，复又弯进了山东路，粗粗估算一下，大约不下万余人。书店周围显得十分热闹，但队伍的最前面，秩序有点混乱了。不一会儿，警察和纠察都来了，帮助维护秩序。七点多，开始售书。随着队伍向前移动，秩序又乱了起来，再加上有些人蓄意捣乱，致使

凌晨三点，排队买书……

新华书店

排队买书

队伍的后半部分全都散乱了，黑压压的人群蜂拥到前面来，最前面的队伍也受到了威胁。这时我们已经进入了山东路，也就在这个时候，秩序彻底乱了，尽管警察竭力维护，也无济于事。杂沓的人群冲散了队伍，四五根拦防绳也被人流扭断，人们互相挤压、冲撞，有不少女孩和少年疾呼"救命"，一个中学生被人潮冲倒了，顿时无数的脚踩在了他的脸上和身上，警察好不容易才冲入人群把他抱了出来。到后来，警察索性不管了，闲站在一边看热闹。书店无法营业了，只是匆匆地把一些购书券发送给前面的一些人，然后关起大门，宣告停止售书。这时我已被乱糟糟的人群挤得不能动弹了，花了几个小时，结果一无所获，空手而归，感到无比沮丧。

这样的买书场景，今天想来，恍若隔世，如今的人们，大概读了会瞠目吧。

后来新华书店还是陆续放出了一批书籍，我在这个月买到的有《古文观止》(上、下)、《宋词选》、《唐诗选》(上、下)、《儒林外史》、《契诃夫小说选》(上、下)，还买了一本《简明英汉词典》，那时我已计划要跟着广播讲座自学英文了。这些书，至今都还在。

五

我念的中学，以前竟然是大清银行

红光中学

在家里过了一个相对舒心的寒假，因为这段日子无所属，离开了小学，尚未进入中学，没有任何政治活动，我潜心读了几本书。我的精神生活，大概是从这一年开始发生了比较重大的变化。回过头来看之前的红色日记，觉得有些空洞而幼稚，一时也就不再写日记。因而我记不确切是在哪一天正式进入红光中学的。

按地段的划分，南京东路小学毕业的，升入位于四川中路和外滩之间的汉口路上的红光中学。这里原来是一所初中，但那时学制变革，我们在小学里读了六年半，进入中学再读四年后，就算高中毕业了。

中学距离我的家，就更远了。那时不可能坐公交，每天来往的车费，是一般人家承担不起的，家里也没有自行车，且那时我还不会骑车。唯一可行的，就是每天来回行走了，路程大约是三公里，费时半小时以上。

校舍的那栋建筑，我们只晓得是老建筑，那时几乎也没有人会关切这里以前是做什么的。后来才知晓，这实在是非常了不起的一幢房子，建于 1908 年，差不多是中国最早的官商银行大清银行（The Ta-Ching Government Bank）的专用楼房。上海市人民政府 2005 年镶嵌在墙面上的一块石碑上镌刻着："优秀历史建筑　四川中路 268—270 号，汉口路 50 号。原为大清银行、中国人寿保险公司、中国产物保险公司。通和洋行设计，砖混结构，1908 年建。立面构图严谨，纵向三段式划分明确。装饰集中于入口和转角部位，具有巴洛克特征。"从外观来看，主建筑四层，东西两端各有一座高耸的塔状的圆形屋顶，稍稍有点东正教的风格，亮绿色，三楼以上有装饰性的墙檐，底层除少部分的上半段为拱形圆窗外，窗户多呈长方形，二楼的转角处的窗户，两边有小型的柯林斯柱式的装饰，墙面是养眼的红砖，所有的窗户的四周都有白色的装饰条，显得稳重而不乏灵动。最考究的是汉口路上的正门，石块砌成的拱形门，上面又有一层人字形的石砌屋檐，两段式的柯林斯石柱，不宏大，却显得厚实端庄而富有底蕴，犹如传承久远的贵族宅邸。

然而我们上学那时，似乎已经年久失修，整个建筑显得有些老旧灰暗，除了门窗显得不同寻常，里面也没有让人感到意外的惊喜。一楼的走廊上，一直是照明不足，显得暗淡昏黄，东侧上去的木质楼梯虽然颇为宽大，也经不起每天众

红光中学校舍，以前是大清银行所在地

多少男少女的挤上挤下。中间的一段楼梯也是木质的，颇为狭小，上学、放课的时候，也都是挤满了人，那里又没有自然的光照，人一多，就显得有些湫隘。我所在的二班，在四年里几乎一直占据着308教室，以前大概是办公房，朝北，一长排窗户，采光很好，东部对着校内的一个小小的水泥地操场。走廊很宽，两边都是教室。这样的一栋楼里，竟然挤下了大约三千名学生，我们这一年级有十五个班，其他年级大抵也近似，每个班总有五十名以上的学生。

具体的中学生活，就不一一详述了，不然又可以写半本书。上课的情形，要比小学好很多，至少每门课差不多都有了教材，只是历史、地理课依然没有，几何、代数也都统统归入数学课，生物、化学和物理等，则被分成"工业基础知识"（简称"工基"）和"农业基础知识"（简称"农基"）两门，图画、体育课也是有的，音乐课好像不记得有上过，我们都没有学过简谱，遑论五线谱。学校里好像连一架钢琴也没有。英文课有的，但好像没有教材。说到英文课，就要说到我们的班主任，强家朴老师。

强老师个头矮矮的，有点胖胖的，总是穿着一件青灰色的有点油腻的卡其布中山装，五十来岁，顶部的头发已完全秃了，戴着一副镜片很厚的玳瑁眼镜，看上去完全是一个老头了，皮肤有点黑，但脸上多半时候会和头顶部一样，泛着红光，油亮亮的。烟瘾很大，厚厚的嘴唇也总是显得有点焦黄。说一口带有浓重无锡口音的上海话，几乎从来不说普通话。据说他 1949 年之前在银行（也许是外国银行）供职，"出身不好"，因而一直积极地向革命靠拢，紧跟形势。也许是以前在银行供职过的缘故，强老师会一点英文，不过说实话，强老师的英文，也实在不敢恭维。他教我们念英文，就仿佛吼叫一般，中气很足，声音响亮，甚至唾沫飞扬，却是一点也不好听。我问过当年的一些同学，还记得当年强老师教过我们的什么英文。大家除强老师念英文时青筋暴突、满脸酱紫色的模样还清晰记得之外，内容除了个别单词，大半都烟消云散了。那时我们一起去外滩，偶尔会遇见几个外国人，我们就鼓动强老师去跟外国人讲话，强老师总是羞涩地避开了。

强老师身体不大好，工作却极为积极。他住在永嘉路上的洋楼里（毕业时还是毕业后我们曾去看望过他），自幼的生活大概都是很优渥的，但一直在努力洗去昔日的印记，用那时的话来说，就是努力改造世界观，与自己的过去做一个切割。他对于班里的事，真的可谓全心全意扑上去了。那时候搞一个什么跑步去北京的活动，全班同学，能跑的，每天清晨全都聚集在人民广场上，天蒙蒙亮就开始跑步，好像连续一个月，全班每个人跑的里程加起来，达到了上海至北京的直线距离，就算跑到北京了。强老师天天一大早就来到人民广场。他自己跑不动，就帮我们看管衣物，给我们鼓励打气，大家都很感动。到毕业的时候，他又竭力鼓动我们到农村去，到最艰苦的基层去。他激情昂扬地鼓动我们去星火农场，用浓重的无锡口音对我们说："星火农场的小伙子，一个一个棒了囃。"底下就有同学模仿他的口音嘲笑说："星火农场的老头子，一个一个秃了囃。"引得大家忍不住捱着嘴偷笑。外班的一些个头比较高的调皮的男同学，有时候会欺负他，几个人掩护，打他的光头，我们看到，感到很心痛，这毕竟是我们四年的班主任，然而又不敢跟那些个头很高的不良少年顶撞，就悄悄地把他拉开。

　　有一个时期，每个年级的学生要轮流到外面去做广播操，而那个水泥地的小操场，完全不敷容纳，做操的场地就挪到了汉口路上，往西一直到四川中路。虽然只是一个年级，也黑压压地填满了整条马路，蔚为壮观。那个场景，清晰地留在了我的记忆里。

中学周边的天地

学校紧邻外滩。外滩对每一个上海人而言，都不会陌生，但迁居黄浦区之前，我与小伙伴玩耍的领域，往南也就到外白渡桥一带了，越过外白渡桥进入外滩的次数并不多。到南京东路小学念书后，主要的界限，往东也多至于河南路，真正在黄浦江畔游荡，绝不频繁。

如今，外滩差不多成了我们的前花园。稍得空闲，就会与三五同学一起到黄浦江边去行走。1971年的时候，外滩还有许多大字报栏或宣传栏，江边的树林都被这些宣传栏切割得支离破碎，好在我们多在江边漫步，对此也不在意。1972年年初，已得知尼克松总统将要访华，上海也在他的行程内，或许会来外滩走走，于是就迅速拆除了江边的所有宣传栏。我在1月8日的日记中记道：

黑格准将一行18人，近日抵沪，为尼克松访华之行做技术安排。下午先到南京路参观探访，故气氛有些异常，以致有些新奇的感觉。

学校通知，下午至校听报告。时间有余，就与赵坚、梦笔、老马、有成、侨星同往黄浦江畔闲步。外滩，气象大变，根据中央的通知，平日的（批判）专栏已消失，运来了许多树木、花苗，正在掘土种植，以绿化外滩一带，增加黄浦江的美观。坚友说，倒有几分仲夏的气氛呢。诸同学皆兴奋，言谈高亢，憧憬着黄浦江畔的春光美景，蓦然心旷神怡。

学校报告的内容，皆是有关尼克松访华事宜，上海会议的精神，然后读中央文件，约至五时结束。

我们的足迹，还会继续往北延伸，一直走到苏州河畔，这一带，就是外滩公园（也称黄浦公园）了，1891 年 8 月出版的日本人荒尾精和根津一等人编撰的《清国通商综览》中，就对黄浦公园有了很详尽的描述：

公园于一八六八年建于黄浦、吴淞两水交汇之江畔低洼处，填土造地，位于英租界英国领事馆之前，两面临江，风景绝佳，炎夏酷暑之时，亦常有凉风，每至夏季，自夕阳西斜时分起，避暑纳凉者络绎不绝。公园规模虽不甚大，然园内遍植各种花卉，四季竞美。园中央有一座音乐堂，近年经改建，每年五月至十月末，乐队演奏音乐，以此为居留人民提供娱乐。三伏季节，男女老幼结队而来，几无立锥之地。
（日清贸易研究所编纂：《清国通商综览》，东京丸善商社书
店 1892 年版，第 79—80 页）

黄浦公园，建成时的正式名称只是 Public Garden（公共花园），在日文书中把它写作汉字的"公园"。最初是仿照北京的圆明园建造的，因而一般也称为圆明园，这就能解释为何今天在公园西侧的一条南北向的小马路，名曰圆明园路了。20 世纪 70 年代初期，黄浦公园的基本格局，一如最初所设计的，大门开在南面，只是上文所说的音乐堂似乎已无踪迹，但有一个圆形的喷水池，西侧有环池的开放式的廊檐（这些后来在外滩改造中全都拆除了），树木高大而茂盛。往北可以一直走到苏州河与黄浦江的交汇口，江水浑黄，河水黑浊，不过朝东北方向的江面眺望，神清气爽，那时浦东还没有任何一幢高楼，江面显得越加开阔，在碧空的映衬下，浑黄的江水也带了一点蓝莹莹，数十只江鸥在江面上上下翻飞，翩然起舞，给这个沉闷乏味的时代，带来了几许晶莹的幻色。我们那时已经开始阅读文学作品，会倚靠在江岸的护墙上，大谈屠格涅夫、果戈理和歌德、海涅，仿佛在短瞬间内超越了疆域和时代，自己给自己制造了一点 bourgeois 的陶醉。

学校正门的对面，就是赫赫有名的海关大楼，最早的江海北关建于开埠不久的 1845 年，因而汉口路一度被称为

"海关路"，1865年工部局将此命名为汉口路。以南京路为大马路，向南数，汉口路是第三条，俗称三马路，我们念书的那个时候，大家都叫它三马路。江海北关1891年被拆除重建，这就是现在海关大楼的前身，一幢凹字形的建筑，中间是六层楼，包含了一个钟楼，南北两边各有裙楼，三层之上，还有一个loft，红砖外墙，我在多种明信片上见过，挺漂亮的，但不够宏大雄伟，于是在1925年被拆除，两年后重新建成了今天仍然屹立在江边的高达十层的海关大楼。我们天天对着这幢大楼，也就有点审美疲劳了，但那个年代，好像谁也没有进过海关大门，直到1983年我大学毕业后被分配到了海关，才频频出入于此，还在里边海关专有的理发店里理过发，这是后话了。

跟同学们一起来回学校，大都沿着九江路和汉口路走。1869年建成、1966年秋天遭到破坏的三一教堂（上海最美丽的教堂之一），那时是黄浦区革命委员会（区政府）的办公地，倒也不至于壁垒森严，但闲人免进，也就从来没有进去过。汉口路一侧，有一个围墙围起来的内庭，里边种植了两棵树，每当四月中旬，略带黄色的白花就会盛开，随风送来淡淡的芳香。那时花卉很少见，在褐色砖墙映衬下的这两棵树，春天时分的美景，也总是给我这个文学少年催生出几丝诗情的迷思。完全是文学阅读的效应，那时我的体内，总有一股不合时宜的小资情绪在萌生、鼓胀和弥漫。

现在的三一教堂的正门也就是东端，有一个街心花园，

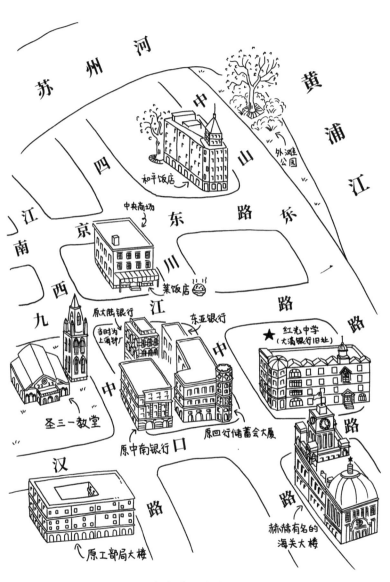

苏州河

黄浦江

中山

四

江南

东路东

京

中央商场

川

西

菜饭店

九

原大陆银行

江

东亚银行

★ 红光中学
（大满银行旧址）

当时为
上海钟厂

圣三一教堂

中

原中南银行口

原四行储蓄会大厦

路

汉

路

海关大楼

原工部局大楼

赫赫有名的
海关大楼

和平饭店

外滩
公园

红光中学周边的天地

我们都称它为小花园，大概是除外滩公园之外，我们在街市内可以见到的唯一一个小花园，这里的历史几乎与教堂一样悠久，没有被破坏的树木都长得十分高大，遮蔽了大部分教堂的建筑。我们有时候也会到这里来玩耍，不过刚刚进入青春时代，还没有学会闲坐，这里，大多也只是匆匆走过而已。

学校周边的建筑，都很有年头了，且不少都是当年著名的银行，不过当时我们对此一无所知。比如学校隔四川中路相对的、汉口路北侧街角上的一幢相当漂亮的大厦，是邬达克设计的，时称上海四行储蓄会新屋（New Building of The Joint Savings Society of Yienyieh Kincheng Continental and China & South Sea Banks Shanghai），"Yienyieh"是盐业银行、"Kincheng"是金城银行当时的英文拼写法，"China & South Sea"是中南银行的英文表示。建筑整体为英国乔治折中主义风格，正门开在九江路与四川中路相交的转角上，整个大门为高达三层的圆弧形，底下三层均为汉白玉贴面，四层至八层是邬达克所喜欢的深褐色砖面（他设计的国际饭店外墙基本上也是这种深褐色砖面），八层以上又是白色的汉白玉墙面，街角部最上方，是一个六角形穹顶的塔楼，就建筑本身而言，我觉得它是这一带最漂亮的建筑之一，建成于1928年5月。盐业、金城、大陆、中南，差不多都是当时中国顶尖的商业银行了，也舍得花钱，在20年代就建造了如此瑰丽的大厦。不过，我们在红光中学读书的时候，四行储蓄会早就不复存在，这里成了上海化轻公司的办公地，同班同学马成樑的父亲就在里面上班，但我们一次也没有进去过。

四行储蓄会大厦的西边，位于汉口路上的新古典主义风格的大楼，就是四行之一的中南银行，大楼竣工于1921年，中部为塔司干巨柱式立面，很有气派，现在是天津银行的所在地。稍南福州路89号的现代式建筑，是1927年建成的中兴银行大楼，再往西，还有装饰艺术风格的浙江实业银行大楼。似乎现在唯一还存在的当年的银行，是储蓄大厦北面、一面已经在九江路上的东亚银行。东亚银行的西邻，是原来的大陆银行，1932年建成的装饰艺术风格的建筑，一幢高达九层的敦实大气又富有装饰性的大楼，现在修整得很漂亮。我在红光中学上学的时候，这里成了上海钟厂的所在地，也就是说，变成了一座制造座钟台钟的工厂。我大舅妈就在里边上班，当一个科长。这里要引出一段小故事。

从我在浙江路桥堍的家里，到红光中学，差不多有三公里的路程。那时上学，下午倒不是天天有课，但也时常有活动、开会、听报告。学校里没有学生食堂，自然也不管学生的饭。原来从南京东路小学升上来的同学，大抵都居住在九江路汉口路这一带，走回去最多也就十五分钟，而我一来一回，至少要一个小时了。没有直达的公共汽车，且也无法负担每天的来回车资。于是，就我一个学生，吃饭成了大问题。我母亲与我大舅妈商量，能否在上海钟厂内搭个伙，吃一顿饭。大舅妈虽然是个科长，似乎也无法做主让一个厂外的学生在厂内搭伙。于是她想出一个办法。厂对面，也就是中央商场的南侧，有一家菜饭店，简单吃一个饭，一碗菜饭加一个骨头汤，好像是一角五分钱（来回车资大概是一角钱吧），想想还可以，于是我就在那家菜饭店里用午餐。好在也不是天天，无课无会的日子，就回家了。那家菜饭店，房屋有些简陋，毕竟也是饭馆，菜饭和骨头汤做得还挺好吃（那时实在是食物匮乏，一般的东西都觉得好吃了），菜饭里加了猪油，猪骨也是挺实在的，对于上了一上午课的正在生长发育的我来说，充满了诱人的香味。当然，那个年代，除了钞票，还必须付粮票。

我上面写了很多的大银行，可我一个小民的日常生活，与大银行又有何干呢？一碗加了点猪油的菜饭，就满足了。

两次各二十天的野营拉练

我在中学期间，经历了两次野营拉练，这大概是以前的学生和以后的学生都不曾有的特别时期的特别体验。我在 1970 年 12 月 12 日的日记中，记述了野营拉练的缘起：

下午学校举行会议，传达了伟大领袖毛主席关于野营训练的光辉指示。毛主席看了北京卫戍区解放军某部一份野营训练的材料，作了全国人民要进行长途野营军训的指示。我们红小兵要坚决响应，坚决落实。

那时我正面临小学毕业。这个落实，差不多要到了一年以后。一下子，整个上海都有点疯狂起来。我父亲所在的工厂也进行了这样的野营拉练。自备行李被褥，脱产或是停学，到上海的郊区去行走二十天。是为了防止变成城市的

"老爷少爷"。一旦打起仗来，肩不能挑，手不能提，连走路也不行，那怎么行呢？最高领袖一声号令，于是城市里的人都动了起来。

野营拉练实施的1971年到1972年，几乎全上海的中学生都被动员起来了。那时，大学已经停止招生了好几年，工农兵学员好像才进入大学不久，我不清楚他们有没有参加。我个人经历了两次，1971年11月到12月，以及1972年4月，虽然不算是魔都城里的事，却也实实在在是在魔都发生的事。也就把它列在魔都的那些往事里吧。

先是全校停课，做野营拉练的动员准备。我经历的两次，都没有解放军，大概安排不方便，却都是有工人师傅的参与。把全校师生编为一个团，一个年级是一个营，一个班级是一个连，团长、营长、连长，基本上都由工人师傅担任，还会从地段医院（现在叫社区医院）中抽调若干名医生随着一起行动。

行程二十天，每人缴付伙食费8元，自己到有关商店里去购买深棕色的塑料布、背包带，自行准备垫被和盖被各一条，准备一个包，放入若干换洗衣物和牙刷毛巾之类。再自备一点食物，无非就是炒麦粉（条件稍好的人家，会在麦粉里加一点糖和芝麻）之类。我们家四口人，父母均有职业和收入，算是还可以的了，就去川香食品店零拷购买了一瓶鸭肉辣酱（后来证明这很管用）。当然，适合走路的球鞋（那时多是军黄色的廉价跑鞋，简称"军跑鞋"）也是必须的。

第一次在秋冬天，兹抄录第一天的日记：

1971 年 11 月 17 日　晴

昨晚忙碌了一阵，好似出国，总算如愿。

早晨起床，与有成同行至集合地四川路延安路口，晴光爽朗。乘轮渡过江，列队进发。浦东奇闻甚多，一路说笑不断，行走了一段路后，想起了今年清明时节去高桥烈士墓祭扫时，一口气走了近 50 里路，有所体会，只是这次行走身负背包，稍有逊色。途中只是感到有些许不适（这是普遍现象），然而大家热烈的互助精神，弥补了这一点缺憾，且田野的景色也格外爽人。

至陈永桥小憩，午餐，感到别有风味，大家庭生活尝到了欢乐的滋味。后又继续行走，数小时后，抵达周浦镇（南汇县），稍作休憩，成樑买了一些茶，吃了一个梨，又向宿营处进发，这一程互助的精神更为炽烈，感人肺腑。虽已疲惫，但仍心情愉快，迈步向前。到达牛桥（宿营处）时，昨日已到的炊事班同学在强家朴的率领下，对我们表示了热烈的欢迎，大家都情绪欢快，好不热闹。

抵达后，稍作停当，开了一个会议，商讨诸事。我与成樑等出外散步，门外有一条小河，河面甚平静。信步踱到桥上，看天野落日，不胜感叹。在大城市时，夏秋傍晚也常在苏州河畔漫步，被绚丽的晚霞所陶醉，却望不见落日。眼前大好景色尽入眼帘，五彩斑斓的晚霞倒映在静静的小河上。云絮如烟，迷迷蒙蒙，火红的残日宛如一摊碧血，冉冉落下。田野景色昏朦，富有诗意。只是坚友不在（途中曾相伴），不然就会是辞藻一堆，拉拉唱唱，岂不乐哉！

做了一些事，决定与连部同宿，进晚餐，虽不怎么理想，却也无怨言，想想炊事员也都付出了极大的努力。今日走了 23 公里。

铺好床后，外面喧腾，我躲在屋内记此日记。

1971 年 11 月 24 日　晴

今天是伟大领袖毛主席关于野营的"11·24"光辉指示发表一周年的纪念日。

上午我看了一堆 1967 年的旧报纸，阅读了"上海人民公社"成立前后的报道，很有感想。那时的形势真是朝气蓬勃，只是有些过"左"。

中午为了纪念，午餐的菜肴，每人有一块大肉，味美，肉汤尤为可口，加一勺青菜，真是再好不过了。这是野营以来最美味的一顿饭菜了。

下午举行大会，庆祝这个有意义的纪念日，各方面的人作了发言，小结了近来的情况。团部政委周师傅和营部教导员王老师应邀参加，并讲了话。会后，有文艺娱乐。

晚上在乒乓室，我方与上海玻璃加工厂进行乒乓球比赛，很是精彩，我方以二比三输给了对方（男单），五比〇输（团体）。

1971 年 12 月 1 日　　晴

昨日早晨的最低气温竟降到了零下 4—5 度，今天倒是稍微好些了，只是霜很浓，还有些薄冰。今日的午餐是卷心菜烧猪肚猪肠。下午与老马、一师傅去黄路镇上领馒头，顺便去镇街上溜达了一下，颇热闹，店铺集中，不像航头那么散，有点儿像三灶，却没有三灶整洁，但也有其特色。这次到了几个镇街，觉得都有一个特点，即多有一条河贯穿全镇，给镇上市集增添了丰富的色彩。到镇上买了些食物回来。

回来时，将领来的馒头挑回来，约三百几十只，估计重量有百余斤。像我们这样的城市学生，也确实需要锻炼。起始时很吃力，后来就适应多了。这是改造的开始。上午也帮炊事班挑了水，总之，愉快贯穿在劳动的始终。但对农村生活还是有一个感觉，那就是，单调。

两次野营，睡觉都是没有床的，好的屋子是地板地，但大都是泥地，当地已经编好了厚实的草垫子，每个人都睡在泥地上的草垫子上，女同学也是如此。出了上海市区以后，绝大多数的宿营点都没有自来水，取用附近的河水和井水，但都有电。炊事班大抵都是借用农家的土灶做饭做菜。菜极简单，大抵都是炒青菜，且几乎没有油水，只是在大锅中胡乱炒熟，放一点盐而已，这时我买好的鸭肉辣酱就是佐餐的佳品了。间或也有咸肉菜饭，红烧大肉，每块肉都用稻草绳扎起来，大概是为了防止破碎，到时候就很难分了。然而我自幼不吃肥肉，央求打饭的人挑一块瘦一点的，饥饿之下，也觉得很香了。

所谓野营拉练，主要是行走，大抵走一天，休整一两天，然后继续行走，每次行走，大概在20—25公里，一般是早上四五点起来，早饭后六点出发，到中午或下午可抵达下一个宿营点。每个人都必须身负被褥包等行李，且那时的道路，除公路外，还有田间的道路，都是没有任何铺设的泥地，晴天还好，地面差不多已经坚硬了，遇到雨天或雨后，道路泥泞不堪，行走极为艰难，尤其在雨中，胶鞋底上全都是湿的泥土，沉重而易滑，遇到这样的情况，就颇不轻松。行走的路线，基本上是在郊区兜圈子，第一次从浦东走到南汇、奉贤再返回上海市区，第二次是从西部向南走向闵行、松江、金山再折返市区。当时的口号是：练好铁脚板，打击"帝修反"。二十天走下来，铁脚板多少是有点练出来了，但是不是打击到了"帝修反"，恐怕就很难考证了，也许"帝修反"根本就不知道你们在这样走路。

休整的一两天，除了组织的贫下中农的忆苦思甜报告，还有在乡村小学的操场上看露天电影（《地雷战》《地道战》

之类，偶尔也有阿尔巴尼亚电影），也帮当地的农民干点活，余下消遣的时间，就是打纸牌了。带队的工人师傅或是随行的医生，也都跟我们同吃同住。

再抄录一段 1972 年春天的日记。

1972 年 4 月 19 日　晴到多云　晚雷雨

清晨四点起床，五点半集合出发，约行五公里小路，十六七公里公路，携带着疲劳和汗水，到达了宿营点——陈行，芦胜。

进行午餐后，就到寝室休息。住处是一间大队的礼堂，三个班，也就是全连的男生住在一起。睡的地方比较宽敞，两面均有窗，还有一个戏台呢。

天气极热，最高达到了三十度。我们用的是井水，周边河水很少。不远处有一条人工开凿的河流，大家很有兴趣地跳到了河里游泳，我游泳水平极差，只是玩玩而已。

在井边擦身后，就躺下睡了一会儿，醒后晚餐，刚吃完饭，云层就堆积了起来，刹那间，凉风骤起，沙尘蔽天，飘泼大雨终于倾盆而下，田野中一片水汽，忽然电闪雷鸣，寒光阵阵，四月的雷雨开始了。

雨后，西边天际出现了一抹醉人的红霞。

这两次为期各二十天的野营拉练，当时的感觉是，除负重走泥泞路、睡在泥地上、伙食稍差之外，其他差不多都是很愉快的，虽然也有些人事纷争和较差的同伴。有生以来，第一次这么久在郊野生活，看乡村景色，经历了秋冬和春天，在人生阅历的增长上，无疑是有益的。只是在那时，我已养成了阅读习惯，可是在野营拉练这样的公众生活中，是很难带书去阅读的，一来我所阅读的，大都是在当时被认定为"封资修"的读物，无法公开拿出来，二来我家中无书，都是偷偷借来的，一般不可能借给我二十天这样长的时间，因而无法读书，对我个人而言，当时是挺痛苦的。

当然，一个学期内有整整二十天在野外活动，前有将近一周的动员准备，后有将近一周的休整，一个学期的课大半都废了。也从来没有什么补课。上课完全不重要，学校和学生，包括家长，对上课都不怎么在意。

晚秋的青浦，工厂的纺机声，
还有工地上的夕阳

在四年的中学期间，还有过两次学农、两次学工活动，这不是蜻蜓点水般地到农村或工厂去一两天就好了，而是完全沉下去的，每次各四十天。对我而言，相对于学工，学农更有趣。

学农两次都在青浦，季节都是晚秋，地点几乎也一样，城西公社石西大队盈中中队，距离青浦城有七八里路，没有公路，只有水路或田间的泥路，有电，没有自来水，吃用都是河水。两次分别是 1972 年和 1974 年的 10 月 20 日前后到 12 月初。

第一次学农我和几个同学被安排的住房，是一户农民的后屋，泥地，有两个小天窗，四周无窗，白昼一直很暗，有几张竹床，走出村外的道路，必须经过一个猪圈，自然气味很浓。第二次几乎是同一个村庄，在村口，一间独立的住房，也是泥地，一排竹床，屋外似乎是一个小广场（其实是晒谷场），不远处就是一条小河。如厕都是在农村的茅房。有一天整天下雨，无法出工，我们就都窝在屋内，小便就懒得冒雨走到有些远的茅房里去，于是就把房门打开一点缝隙，对着屋外放尿，一天下来，居然也积存了不少尿液，雨天谁也没有在意，翌日太阳出来，晒出了一片臭烘烘，结果招来了当地农民的一顿训斥，同学们却都躲在屋内偷偷地忍俊不禁。

秋天去，首要的劳作，便是割稻。之前虽有两次野营拉练，但主要都是走路，几乎没有干过正儿八经的农活，这次完全是真刀真枪。把一片稻田包给我们，我们再每人分包一垄地，拿着镰刀割稻，最后再用稻草把稻子捆扎起来。我从小就体弱多病，干活不是一把好手，但也不甘人后，且好歹也算学生干部，于是拼着命埋头割稻，一天下来，累得腰酸背痛，几乎难以直立，从另一个角度来说，也确实得到了锻炼。

割稻的间隙，也去种过豆，摘过棉花，这要比割稻轻松多了，摘棉花基本上不用弯腰，种蚕豆就是把豆种一颗一颗放入事先挖好的小洞，要弯一下腰，有时碰到雨后不久，地里泥泞甚至积水，光挪动脚步也有点费劲。

有一项活，让每一个人都叫苦不迭，那就是撒猪塥。所谓猪塥，就是猪的粪便沤成的肥料，不仅极臭，且里面不时会有各种蛆虫在蠕动，我们必须要用赤裸的双手把一堆堆猪塥均匀地撒到地里，这对我们的心理真是一个极大的挑战。每当弯下身去抓猪塥的时候，对于嗅觉和视觉，都是一个极大的甚至有点残酷的考验，几乎每一个人都败下阵来。但派下来的任务必须完成，我们本来就是来锻炼的嘛，只能用"我们的手上多一分臭、脑子里就少一分臭、接受贫下中农的再教育就多一分收获"这样的话语来激励和慰藉自己。干完活到小河里去洗手，即使用了香皂来拼命擦洗，依然无法去除手上的异味。这一次经历，可谓刻骨铭心，终生难忘。

也有很开心的时候。割下的稻子被人工脱粒，在打谷场上被晒干，然后装运到船上，沿着水路，运送到青浦城里的碾米厂去。我们几个人做帮手，跟着主管运送的农民，坐着船一起到碾米厂去。那时的农村，基本上没有工业，河水基本上都没有怎么受到污染，还算比较清澈，我们坐在船上，差不多也是一次水乡游了，优哉游哉，挺开心的。

大概是 11 月底，村里开展了捕捞，撑着船，张开渔网，在河里和水塘里捕鱼，我们围在岸边看热闹，只见网里的鱼活蹦乱跳，鱼鳞闪亮，引起了我们一阵阵的欢呼。那时也许有在河里放养鱼苗，但没有人工养殖，也完全没有人工开挖的鱼塘，都是天然的河湖港汊，那些鱼也都是在野生的环境中生长的，至少绝对没有抗生素和人工的饵食，应该相当的鲜美和健康。我们没有得到分享，未能煮一锅热气腾腾的鱼汤，不过能够目睹捕鱼的场景，就令我们很开心了。

我们这一组，朱养中同学担任了炊事员，他勤劳聪慧，在那个年纪，菜做得很不错了。记得我们的伙食费，每人总共才10元，他就尽可能变着法子让大家吃得好一点。打霜的季节，青菜已经很好吃了，糯糯的带一点甜口。这时候也是种植的蘑菇收获的季节，蘑菇40角钱一斤，吃不起，但是割下来的蘑菇根蒂，只卖8分钱一斤，虽然带着很多泥，要细心地剔除，而滋味和营养与蘑菇是一样的，他就用这些蘑菇根蒂来炒青菜，我再从带来的一个瓶内舀出一勺牛肉辣酱，对于劳动回来的我们，真是无上的享受了。有时也偶尔做一顿荤菜，我记得有一次是蜜汁红烧肉，肉汁稠稠浓浓的，肉香四溢，所有人的食欲都被勾了起来。那时我们一顿能吃六两饭，有的同学更多，都是用自带的铝饭盒蒸煮的，好像米也是自己带来的。我不记得吃过当地刚收获的新米。

学农的日子，已经没有了工人师傅，老师几乎也不管，就由学生干部自我管理，整个环境相对宽松很多，每次我都会带去一些书籍阅读。马克思的《法兰西内战》《路易·波拿巴的雾月十八日》《哥达纲领批判》，恩格斯的《反杜林论》《路德维希·费尔巴哈和德国古典哲学的终结》，列宁的《唯物主义与经验批判主义》《国家与革命》等，这些都是可以公然拿出来的，记得都是在这两次学农劳动的间隙读完的，还把一套上下两册的《英法德俄历史1830—1917》和普列汉诺夫的《艺术与社会生活》也读完了，虽然也未必能读懂。也偷偷读了一些欧洲19世纪的小说。有几次，正好没有农活，我就一个人来到了两条河流交叉口的稍稍隆起的一块空地上，闲闲地读书，不时抬起头来看几眼周边的风景。周遭极为静谧，几乎连一丝杂音也没有，甚至鸟叫也很少（周边没有什么树林），正想发一点诗情，突然看到一条蛇"扑通"一声跃进了水里，吓了我一大跳，赶紧离开，后来就不敢再去那里了。

相对而言，学工劳动就要乏味得多。

第一次是在 1973 年秋季，地点是泰兴路 685 号上的上海国棉十三厂，后来知晓，最初是 1918 年开业的鸿章染织厂（不知是否与李鸿章有关系），1922 年的时候改名鸿章纺织染厂，1953 年成为国营的第十三棉纺织厂，简称国棉十三厂。怎么会安排到那里去劳动的，具体经纬我完全不知晓。

工厂离我们的住处都有点远，一般是在北京东路福建中路的车站上乘坐 19 路电车，到新闸路泰兴路那边下车，再走一段路就到了。我被分配到了一个织布车间里的保全工小组，每天像正式的工人一样上下班。一走进车间，织布机上梭子来回穿梭碰撞的剧烈的声音，完全到了震耳欲聋的地步，面对面说话几乎也听不见。所谓保全工，就是织布机的保养维修工，都是男性，他们定期对一些织布机进行拆检和保养，若有问题及时进行维修。这是一门技术活，我完全是外行，整个劳动期间，只能帮工人师傅打打下手，搬一些东西，递递工具等，在车间里，由于机器的声音太大，彼此几乎也没有什么交流。

车间内，有一条半封闭的甬道，里面的一边堆满了各种原料和杂物，总是黑黑的。纺织厂，女工多，男工少，男工往往比较"得宠"。有时候发生的一些场景，会让我到了惊愕甚至无法直视的地步。男工和女工，彼此熟了，经常会说些插科打诨的话。一天，一个男工，在黑暗的甬道里，突然把一个女工按倒在原料包上，然后上下其手，女工一般不会勃然大怒，只是挣扎一下，推开他们，半笑半怒地嗔骂他们几句，就过去了。这样的情形，也许在厂里经常发生，当时把初次目击的我惊呆了。这样的情形，我后来又碰到过一两次，都不敢对人说，因为那时的工人阶级，在政治地位上都是高大上的，我们是来接受他们再教育的。

那次的学工，其他就没有什么印象了。

第二次学工，是在1974年的5月到6月，地点是上海港务局第八装卸区（简称"上港八区"），在浦东其昌栈那里。我们过去，或者是从外滩轮渡口摆渡到浦东，然后坐公共汽车，或者是坐车到秦皇岛路码头摆渡过去，江对面就是其昌栈，后来一般都是从秦皇岛路码头过去的。我们学工或劳动的具体单位，是上港八区修建队二连，具体的活儿，就是建造码头的仓库。

那时真的很落后，我们参与建造的仓库，规模都不大，几乎没有什么机械，都是人工用砖砌起来的，搭一个脚手架，就干起来了。我们的工作，主要是帮着搬运砖块和水泥浆桶。搬砖后来练出了一点技术。一组人，用接力的方式把堆在地面上的砖块传递给脚手架上的人，为加快速度，都是用抛砖的方式，一开始是两块一起，后来到了四五块一起，一个抛，一个接，到了自下往上传的时候，就是下面的人往上抛，上面的人接住，再继续传递，这有一定的难度和用力的技巧，四五块砖在一起，不能散开，必须连成一体地传递。到了后来，也是熟能生巧的事，但绝对需要臂力和腕力，也需要一个人整体的体力。我们虽然都是戴着手套的，但手掌与砖块反复摩擦，手掌上后来仍都起茧子了。进入 6 月以后，太阳越来越猛烈，那时完全没有什么防晒霜之类的防护品，晒得越黑，才越像工人阶级。也有部分女同学戴上了草帽，遮蔽一下炽烈的阳光。

在上港八区，经常会有工人师傅的教育活动，大多是忆苦思甜，也有的是要密切注意阶级斗争新动向，不时地把修建队里的"四类分子"拉出来批斗一下。那时候还搞"批林批孔、评法反儒"，倒是因此，有一批诸如《韩非子》、柳宗元和王安石的著作得以重印出版。我就用学工劳动省下来的车钱（车钱好像学校有补助的），买了一套《柳河东集》，上下两册，蟹青色的封面，上海人民出版社 1974 年 5 月新一版，两元两角五分，这一版居然印了九万套。这真的是我省下车钱买的，父母不可能给我这么大的一笔钱。我迄今依然珍藏着，倒不是因为书籍本身的宝贵（现代印刷物并无什么收藏的价值），而是这套书凝结了我青春岁月的记忆，现在想来，都五十年了！

去上港八区的工地，都是要坐轮渡渡江的，那时黄浦江上还没有任何一座桥。季节正值初夏，离开港区回家时，每每会在江岸遇见西斜的夕阳，有时回去晚了，可见西边天际一抹灿烂的晚霞。那时这一段江面的两岸，几乎没有什么高楼，日落的风景就格外的绚烂，那时的渡轮也不是封闭式的，人就站在甲板上，凭栏远眺，晚霞倒映在江面上，凉爽的江风拂面而来，一天的劳累，都被晚风吹散了。

四年的中学，各二十天的两次野营拉练，各四十天的两次学农、两次学工，再加上前面的动员准备和结束后的休整，我们还上什么课呢？而上课的年龄不上课，也还真有不上课的欢愉。

这些事情，70年代中期以后出生成长起来的人，听起来就宛若天方夜谭了吧。

陈老师

　　说到我的中学生活，甚至说到我的整个人生，都不能不提及陈荣樵老师。陈老师从一年级起，断断续续（其间有几次不短的病假）教了我们四年的语文，有一个时期，还做过我们的副班主任，那是出于同学们的强烈要求。

　　陈老师出生于 1941 年，毕业于华东师范大学中文系，个子颇高，挺拔修长，身体有些瘦弱，坐卧行立，却很有风姿，头发梳理得很整齐，戴着一副深色的眼镜。冬日，陈老师会穿一件外面是青蓝色罩衣的中式棉袄，围一条浅灰色的围巾，从背后看上去，真有点风姿绰约的感觉了，在那个青灰色中山装（其实质地制作都比较粗劣）满天下的世界，让人感到很文艺了。我们进中学的时候，陈老师大概刚结婚，夫人车老师也是红光中学的语文老师。

　　从中学的课本开始，陆续有了一些古文古诗，这正是我最渴求的，也是陈老师最擅长的。课本早已散佚，头脑中记得的，有《刻舟求剑》《黔驴技穷》等一些谚语故事。一年级快结束时，学了陆游的两首诗，我在 1972 年 1 月 15 日的日记中这样写道：

上这一学期最后的一堂语文课。十分有趣。是陆游的两首诗《十一月四日风雨大作》："僵卧孤村不自哀，尚思为国戍轮台。夜阑卧听风吹雨，铁马冰河入梦来。"《示儿》："死去元知万事空，但悲不见九州同。王师北定中原日，家祭无忘告乃翁。"第一首的中心意思（陈荣樵自题）：这首诗是陆游 68 岁时（1192 年）在山阴所作。在深夜风雨交加的凄凉的孤村里，不因自己的衰老而悲哀，却想奔赴疆场，参加恢复中原的抗金斗争。第二首（陈题）：这是陆游 1210 年的绝笔诗，老病将死也不忘收复中原失地，对北伐的胜利尚有信心。两首诗后均附一句：表现了作者忠君爱国的思想和精神。

这两首诗，我迄今都能悉数背诵，主要得益于陈老师的精彩讲解。记得陈老师还曾半调侃地说，陆游诗里用"僵卧"两个字，都 68 岁了，又是风雨交加的夜晚，也只能"僵卧"了，难道还要叫他起来舞动四肢做广播操吗？引得教室里的一阵哄堂大笑，气氛也顿时活跃了起来。在那个"万马齐喑究可哀"的时代，陈老师几乎从来没有讲过附和时局的套话、空话。上课时，手里夹着两本书翩翩而入，上完课，翩翩而退，算是浊世中的一脉清流了。陈老师字也写得很好，黑板的板书自不待言，用毛笔写扇面，也是高手。陈老师那时也不过三十出头，我们几个爱好读书的同学，内心把他当作人生的导师，对他心生敬意。

中学四年，我一直担任语文课代表，陈老师也是对我厚爱有加。有一篇去虹口公园扫鲁迅墓的作文，得到了优＋的特别分数。这篇作文，没有留存，记得也是一篇学生腔的习作，也许在火药味呛人的那个时代，这篇作文还有一点清新，因而获得了陈老师的青睐。

大概从 1973 年年末开始，我们与陈老师之间有了私人的交往。一开始是陈老师患病，我们与强家朴老师等一起去他家里看望。陈老师的家，在宁波路靠近贵州路的一条弄堂内，只是很小的一间亭子间，一张大床几乎占去了屋子的一半，有一个小小的竹制书架，大概也就几十本图书，稍稍有点出乎我的意料，我原来以为应该有更多的藏书。后来，我们就时常到陈老师家里小坐请益。

中学毕业以后，我们不仅继续与陈老师往来，并且升华到了更高一层的师生关系，我们几个老同学，几乎成了陈老师的私淑弟子。当时毫无任何功利的目的，我们决定跟着陈老师系统地学习中国的古典。之前，我已零零散散从《古文选读》《中华活页文选》《史记选注》等文本中读了一些各个时期的古文，《中华活页文选》（1—20）几乎是精读的，每一篇都写笔记，但毕竟毫无系统，也无人辅导，只是自己摸索。有了陈老师的指导，实在是太幸运了。

第一个读本，是《古文观止》，读的第一篇，是《郑伯克段于鄢》。毕竟是两千多年前的古文，对于"文革"中成长起来的我们，多少还是有些难度的。陈老师的教法是，各人事先自己阅读，准备好问题，陈老师的讲读，主要是讲述背景，然后是一一答疑，接着大家讨论，一次讲一篇。如此的读书会，断断续续持续了一年左右。说断断续续，是因为我们都已上班，还有同学在奉贤的农场，聚在一起，颇不容易。

我的 1975 年 10 月 16 日的日记中有如下的记述：

晚上在陈老师的寓所进行了《古文观止》的第二次学习。读《左传》中的《齐桓公伐楚盟屈完》，依旧由陈老师主讲，娓娓而谈，愈加使我感到陈老师知识的渊博。对于春秋历史，我实在是所知甚少，甚至连一个大致的历史轮廓也没有。而陈老师则是随手拈来，演绎成了十分有趣的历史故事。他对其中的某些具体细节，了如指掌。赵坚也很有研究，所读的古文要比我多得多，他这次从福州路上的古籍书店买到了大量的旧书，其中有《古文观止》《史记评论》《东周列国志》《四书集注》《战国策详注》《百家杂钞》等，还为我买了八卷本的《史记评论》，内收司马迁《史记》的所有原文及编纂者的评注（是清末的线装版本，后在搬家时被人窃走——引者注）。赵坚在古文上造诣不浅，在此话题上与陈老师很投缘。

还有一次，陈老师要我们每人交一篇文言的作文，第一个交稿的是赵坚，而用文言作文，于我实在是一件苦事，因为陈老师眼力很高，敷衍的东西，立即就会被看出破绽，让我甚为汗颜。围坐在一起，只是一杯清茶。陈老师家里那时还烧煤炉，车老师把烧开的水灌入一个竹壳的暖水瓶，陈老师那时已患有手抖病，倒水时右手微微颤抖，我们立即接了上去。只是朝北的一间小小的亭子间，四五个人围聚在一起，多少有些逼仄，却始终有一股温馨之情在荡漾，每一次都是如沐春风。

我们师生一起，也会骑车出外郊游。1976 年 2 月初，一同去了桂林公园，桂林公园当然谈不上郊外，但在那时，也算是很远的地方了。那时中国号称自行车王国，可说实话，并不是家家户户都买得起自行车，我个人直到 1985 年秋天，才拥有了一辆属于自己的自行车。2 月初，除了梅花，基本上还是冬天的景象，不过那一天很开心，陈老师的女儿也一起去了，记得他们是乘坐公共汽车的。到了漕宝路附近，在一家有点乡村风的饭馆里吃了午饭，跟陈老师一起喝了点五加皮酒，记得酒是倒在碗里的，颇有些《水浒》里大碗喝酒的山野风。点了几个菜，随意叙谈，大概是酒精的缘故，陈老师的脸上泛起了红晕。到了桂林公园，梅花开得正盛，"遥知不是雪，为有暗香来"。白梅和粉梅，映照在清浅

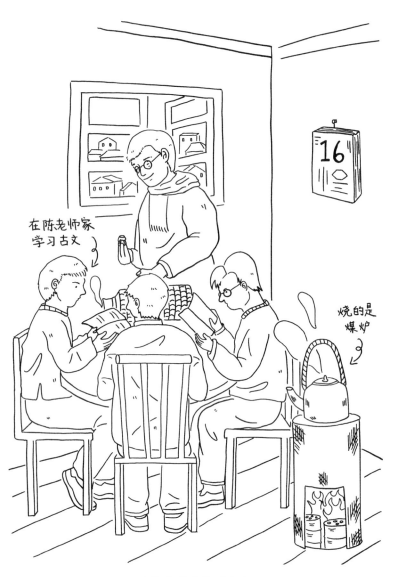

在陈老师家学习古文

的池水中，引来了一些摄影爱好者。公园的茶室已经关闭，我们就坐在茶室外的石舫里闲叙，吃一点瓜子和糖果，一直到了夕阳西下，才各自回了家。

我们中学时的要好同学马成樑，"文革"后考进了大学，毕业后分配在金山石化总厂的技校教书。1985年12月初，成樑新婚不久，邀我们几个老同学，还有陈老师，一起坐了小火车到金山作一日游。驶往金山的火车，现在已如地铁一样方便，干净舒适，而那时还很破旧。在上海西站上车，车内除了几张硬靠椅和长板凳，没有任何其他设施，在老旧的路轨上咣当咣当晃了一个半小时，倒是给我们的谈话提供了充裕的时间。成樑夫妇准备了十分丰盛的一桌饭，我和陈老师喝了烫热的绍兴酒，逸兴遄飞。记忆中，如此盛大的餐叙，那么多老同学和陈老师相聚在一起，这还是第一次，比之前去桂林公园路上的乡村风的小饭馆，气氛上要欢愉多了，那顿饭，竟然吃了三个小时。

后来，陈老师的家从宁波路迁往了近成都路的长乐路上。1988年2月初，上海甲肝大流行，一个星期天的上午，我到淮海路上的上海书店去购买影印本的梁实秋的《雅舍小品》(那时我手头已有台湾版的续集原本和第三集的复印本)，中午不敢在外面吃饭，怕感染，就拐到了长乐路上的陈老师家里讨一顿饭。夫人车老师见我来，赶紧去煮了热气腾腾的菜肉馄饨，主客大欢。我在日记中记道："与陈老师已半年未谋面，饭后畅谈良久。陈老师依然是一介耿直书生，他的性格，与我颇合，这首先是陈老师的感觉。老师谈及近来正帮朋友编学生用的成语词典，又谈及近况及世事诸种，两点告辞。"

后来大家就各奔东西，陈老师的家也迁到了更远处，只有当赵坚从海外回来时，才会有聚会餐叙。陈老师在退休后还被返聘了好几年，晚年耽读《周易》和各种佛经，还经常被多家寺院请去给僧人讲解《金刚经》等，虽然他自己不是一个方外之人。

再到后来，陈老师迁居浦东周浦，彼此晤面的机会，竟然越来越少，每每只是通过微信交往。2023 年 1 月初，与众人一样，陈老师也感染了新冠肺炎，曾一度治愈出院，后来又几经反复，再度感染，不幸在 2 月 8 日与世长辞，令我深感痛悼和自责，因为我已许多时日未去看望他了。后来我虽已在大学长期供职，也有若干著译问世，但中学时代的陈老师，始终是我的精神导师，当年的那一袭中式棉袄，那微微有点飘逸的浅灰色围巾，他的一手遒劲潇洒的字体，和那双闪着微光的眼睛，一直在我的脑际萦回。

六

浙江路一带的市井风景

从浙江路桥到老闸桥

浙江路桥，前文已稍有述及，我们1967年迁入南段桥堍的新家。那座钢桁架桥建于1906年，两年后就开始通行有轨电车。最初的桥梁建造于1880年，那大概是木桥，这座钢架桥或者一般叫铁桥的，后经过屡次加固整修，一直存活到现在，也有一百多年历史了。大概以前有垃圾码头，曾被称为老垃圾桥。我们刚搬来的时候，浙江路上还通行有轨电车，电车路过桥面时，发出隆隆的声响。1974年轨道拆除了，改为无轨电车。

我们住的房子是三层建筑，外墙是褐色砖墙，我们住在三楼，居然是钢窗，以前在上海，钢窗的房子，就算有点档次的了，不过这房子却是非常一般，也颇为老旧了。不到14平方米的区区一间房，住四个人，不要说现在，当时就挺拥挤了，无奈之下，自己搭建了一个阁楼，我和弟弟睡在阁楼上。房门外南侧有一个小厨房，两家合用，开始时烧煤

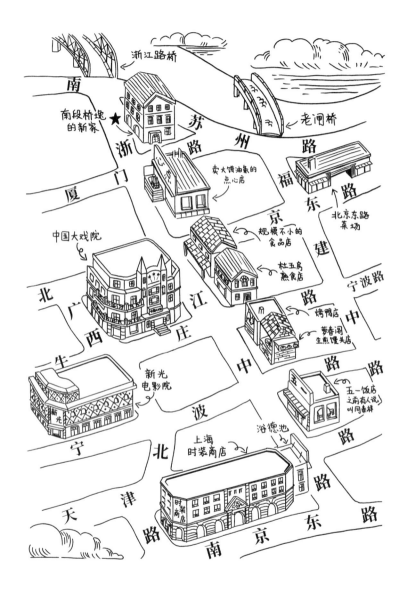

从浙江路桥新家到南京路

炉，后来有了煤气，就方便许多了。

我们住的这条弄堂，北门在南苏州路上，南门在厦门路上的 76 弄，两个弄口都有过街楼，不过这里已不是石库门的格局了。住家相当庞杂，以中下层市民居多，我搬来之后就一直在南京东路小学和红光中学上学，除了很贴近的邻居，与这边的人交往很少。同住在三楼的老邻居沈百良一家，与周边的关系比我们熟很多，百良善吹笛，又会拉二胡，《良宵》《赛马》等，我最初就是从他那里听来的。那时他们家里也举行过小规模的音乐会，几个音乐同好，来演奏几曲"文革"时允许的乐曲。借着他的人缘，国庆节放焰火的时候，我们会跑到与我们这栋楼相连的对面的晒台上（也加建了许多房子），去看人民广场上燃放的焰火。这里与人民广场直线距离很近，升起来的五彩烟花仿佛就在头顶上爆开似的，看着很过瘾，这也是少年时的一个小小的乐趣。

浙江路桥对于我的少年时代而言，竟然还是一个晚间阅读的好场所，主要是夏日。家里逼仄狭小，父母有时会发生龃龉，尤其是夏日，开灯后母亲怕蚊子飞入，因而能不开灯尽量不开灯。无奈之下，我只能拿个小凳，借助桥上的灯光读书。当然，这灯光绝不是明亮的，勉强可以照见书本上的文字，但这里相对自由。有一段后来的日记，记述了我在桥上阅读的情景：

六　浙江路一带的市井风景

1978 年 7 月 15 日　晴到多云　星期二

近来家庭干扰日增，使得我无法安心学习，尤其是晚间。此时我唯有到桥上去了。不过桥上也不太平。在我的左近，一群人围坐着在打牌，喧嚣声不绝于耳，在我的右侧，有一群人围坐着聊天，嬉笑声时时袭来，不远处，有人在吹口琴，还有人和着琴声唱着不成调的歌。此外，还有络绎不绝的来往行人。桥上隆隆而过的车辆，桥下汽笛鸣叫的轮船。显然，这不是一个适宜于学习的环境。不过，这种外界的干扰并不怎么影响我。虽然喧闹声有些烦，但要比家中那种无端的困扰好得多，因为这不能破坏我内心的平静。我依然可以专心致志地阅读吕叔湘写的《中国人学英语》。

对于桥上的喧扰，其实我不能有任何的抱怨。那时人们的住家都很狭小，夏日到户外来消遣，正是那个时代的日常风景，浙江路桥，就成了这样的一个公共空间。我真的有好几年的夏天夜晚，是在桥上度过的，一个板凳，一本书。

当时我常去阅读的地方，还有两个区图书馆，一个是浙江路桥向南，福州路上的黄浦区图书馆，在广西北路口，并不是高巍的建筑（现已拆除重建），空间也不大。那里在"文革"中期以后，陆续有一些图书上架，一开始都不外借，读者只能在馆内阅读，后来可以设法办借书卡。我记得以馆内阅读和出借的方式，断断续续地读了托尔斯泰的四卷本

浙江路桥
上夜读

夏夜，在浙江路桥上读书

《战争与和平》，和许寿裳著的《我所认识的鲁迅》、余冠英编选注释的《汉魏六朝诗选》等。单程步行距离近两公里。另一处是闸北区图书馆分馆，由浙江路桥向北，即跨过铁桥，走到天潼路，向东，或者在北苏州路这边穿过慎余里到天潼路右拐，距离要近一些。慎余里现在在时尚地"苏河湾万象天地"里被保留了一部分，似乎很好看，当年却是各种晾衣竿横竖交错，几乎一年四季都是人影幢幢。这里好像还没有煤气，煤烟气和马桶的气息混杂在一起，弥漫在并不宽敞的弄堂里，除了市井气，几无风情可言。闸北区图书馆坐落在天潼路福建北路的街角上，原来是"玉茗楼书场"，演唱评弹的所在，"文革"时改为图书馆，感觉上也是一幢老旧的房子，空间颇为逼仄，只有几支并不很明亮的日光灯悬在头上。这里对外开放的图书较南边的黄浦区图书馆要少，同样不外借，对我而言，唯一的好处是路比较近。我记得在这里读了小林多喜二的《蟹工船》和德永直的《没有太阳的街》，印象很一般。这些建筑，现在全都拆除了。

浙江路桥向东，是一座老闸桥，1968 年前后，老桥已不敷使用，拆除重建，可那时正是"文革"的高潮期，财政吃紧，新建成的一座桥，也是相当粗陋（现在早已建起了新的大桥）。从浙江路桥到老闸桥的这一段南苏州路，相对比较荒凉，路边都是以前的仓库，有两座还比较高大、钢筋水泥结构的大建筑，但平素很少看见人影，车辆也不多见，只有很少的一点稀稀落落的住家，一到晚上，都是黑漆漆的。

但我去南京东路小学和红光中学上学，都必须走这条路，相对是一条捷径。

对我们家而言，比较重要的，是从南苏州路走到老闸桥后拐过去的北京东路菜场，正门侧门都可以进。"文革"期间，食物匮乏，小商小贩是完全被取缔的，家禽猪羊牛肉是要凭票的，禽蛋和豆制品也是凭票的。鱼虾类很少看见，一旦有货到，附近的住家立即奔走相告，人们纷纷赶过去排队购买，无论鱼货是否新鲜，顷刻售罄。

我是长子，父母都要上班，弟弟常年在外玩耍，有些家务就落在了我的肩上。寒暑假时的买菜重任，差不多都由我担了。一大清早，提着篮子（那时只有竹篮，没有任何塑料袋）快步走向菜场，早去还有点新鲜的蔬菜，晚了，菜场就空空如也了。无论哪一个摊位，几乎都要排队，加塞的也相当不少，因此吵架甚至打架的，也是屡见不鲜。到了90年代，市面上的物品就已相当充裕了，那时就在想，"文革"时期的东西都去了哪里？

大家最兴奋的，还是过年时节的买菜，那时发了大户小户的特别供应票，五人及以上为大户，五人以下为小户，我们家四个人，被归在了小户内。大小户凭票额外供应猪肉等若干、鱼若干等。鱼票最好玩，分为花色鱼票和一般鱼票两种，花色的可以购买限量的黄鱼、带鱼等海鱼，一般的只能购买河鱼，而河鱼中以鲫鱼、青鱼、鳊鱼为上品，白鱼、花鲢为下品，所以一旦鲫鱼、鳊鱼等到货，人群就会从四面八方涌过来，又是一阵紧急的排队，兴奋、紧张、激扬、高亢的情绪与不满、沮丧、悻悻然的情绪交织在一起，充溢在带着腥味和唾沫飞扬的空气中，菜场成了一个庶民日常情景剧的精彩上演地。

我在 1976 年年底之前，还是一个成色较红的青少年，然而也渐渐地在用自己的脑子思考了，关于菜场，1975 年 11 月 13 日的日记中有这样的一段记述：

现在社会上有些现象很令人费解。

据云上海有些颇具规模的菜场时常有外宾来参观。参观前预先将菜场布置好，菜架上放满了琳琅满目的时鲜蔬菜、蛋品肉类及活蹦乱跳的鲜鱼，事先组织好附近的里委干部和先进分子，伴作购菜的人进入菜场内，菜场四周则布置了便衣纠察，拒绝一般人入内。自然，外宾的印象是中国人民的生活很幸福，商品琳琅满目，市场供应丰富。

但事实并非如此，要买蔬菜得起个大清早，禽蛋鱼类都是配给供应的。当然，比起外埠来，上海还算是很不错的呢。

然而，事先布置的，毕竟不是真实呀。

这使我联想起了去年秋天在青浦学农劳动时的一些情景。那时据云有一批美国人和西方贵宾要来青浦城参观访问，而且这是建国以来青浦城里第一次的外宾光临。这一消息轰动了全城。

于是，全城忙碌了起来，打扫街道，装饰店铺，整修房屋。外宾来的那天，我们没有能够进城（因为"戒严"了）。但据说物价都很便宜。第二天我们兴冲冲地到城里去买东西，一进城，果然觉得气象一新，商店里有许多以前没有出售的物品（比如鸡蛋等）。我们欣然问价，答曰不卖的。我们顿觉哑然。来到食品店里，见水果架上有许多光洁新鲜的大苹果，一看价钱，一斤三角还不到，我们便激动地说要买几斤，谁知营业员并不答话，只是淡淡地哼了一声，轻轻地将价格牌翻了过来，出现了"陈列样品概不出售"八个字。我们只得相对苦笑，怅然走出了店门。

南苏州路，是当时黄浦区北端的边界，也就是"边疆"了。过了浙江路桥，对面就是闸北区了，因而附近都没有什么商店，除了买菜要去北京东路菜场，其他的油盐酱醋，都要走到厦门路上去购买，生活远不如吴淞路568号那里方便。我有一个不错的负重记录，是从厦门路的粮油店里买了一袋60斤的米，扛在肩上走回家，再登上狭窄黑暗的楼梯，直接到达三楼的家里。

浙江中路的烟火气

　　说起来，浙江路在上海也算是一条有点年头的马路了。1861 年，租界当局开始修筑自南京路往北的这一段，1866 年又开通了福州路以北的部分，19 世纪末，全程建成了。租界时期的英文名称是 Chekiang Road，念起来倒是更像上海话。

　　从南苏州路到厦门路的这一段，除了西边一侧有一家旅社和散落的一两家商店，都是冷冷清清的，甚至连住家也算不上，记忆中，都没有什么门面。

　　过了厦门路往南，就有点热闹起来，东侧有一家点心店，卖大饼油条的，我时常去。那时的大饼炉子，都是用煤的，做好的大饼，用手一个个贴在炉膛壁上。刚刚出炉的大饼，真的很香，因为有芝麻，又抹上了一层糖汁，所以有一股甜甜的焦香。也有咸大饼，呈长圆形，带有葱香，一样的三分钱一个。油条是四分一根，松松脆脆，油炸的食物，总是自带香味，都是上海人喜欢的。豆浆是不可少的，分淡的、咸的、甜的三种口味，淡的三分，咸的和甜的四分。我一直钟爱咸豆浆，一点虾皮和紫菜（那时好像还没有切碎的榨菜），需要的话，再撒一点葱花（那时还没有香菜），就很可口，我不记得有没有放辣油，那时的上海人一般不大吃辣。食量不大的，一碗豆浆一个大饼，差不多也可以了，一个大饼加一根油条再来一碗豆浆，也就一角钱。这一边还有几家店，印象都不深了。这里以前还有一家1938年开业的浙东大戏院，我小时候，已经没有了。

过了北京东路向南，就更热闹了。这里到南京东路的这段南北向的浙江路，中间有三条东西向的横马路，从北向南，依次是牛庄路、宁波路和天津路，还有一条很小的芝罘路，向东到浙江路就断了。我后来喜欢看地图，可地图上一直找不到牛庄和芝罘这两个地方，再后来读了一点历史，才知晓，牛庄只是今天辽宁省海城市属下的一个小镇，1858年英法美俄与清政府签订《天津条约》时，误以为牛庄可作为对外的贸易港，谁知后来做实地勘察时，发现牛庄已深入内陆，河道淤浅，无法通行大船，便胡乱将靠海的营口指为牛庄，于是条约上的牛庄，实际变成了营口，那时一般所说的牛庄，实际上指的是营口，以讹传讹，相传良久。而芝罘，就在今天的烟台市内，但早年芝罘的地名更为外人所知，1861年烟台开埠时，一般都将此地称为芝罘，因此当年的公共租界内，便将开埠甚早的牛庄和芝罘，用作了上海的路名。

从北往南，一过北京东路，有一家规模不小的食品店，在那个时候，商品也算是琳琅满目了。印象很深的一点是，这里有茅台酒卖，到1979年初秋我去北京念大学时，还卖八元一瓶，这一点我记得非常清楚。那时这类商品，完全没有冒牌的，茅台酒的名气似乎也不如现在如日中天、红得发紫。上海人一般都喝绍兴酒，白酒很少喝。我在去北京之前，除了五加皮、绿豆烧一类的药酒，好像从来没喝过正儿八经的白酒。

在浙江路牛庄路的街角，有一家熟食店，曰"杜五房"。"杜五房"的本家，原来是清末开业于苏州的"杜三珍"，20世纪20年代在此开出"杜五房"，全称是"杜五房酱肉店"，也是很有些年头的老字号了。不过，"杜五房"好像在"文革"时期改过名，因为开始的时候，我一直都不清楚这三个字是怎么写的，但周边的人们都称它"杜五房"，我也就记得了。那时已经改为国营店，我也不敢说里面的东西特别好吃，但那时总体上是一个食物匮乏的年代，摆在店里的白鸡、酱鸭、酱汁肉、叉烧等，都令人垂涎欲滴。我记得，那时我的二舅从同济大学土木工程专业毕业不久，还没有落实工作单位，经人介绍，与一女子谈朋友，就借在我们家请女友吃饭，到"杜五房"去买了白鸡、叉烧、酱汁肉几样熟菜，好像是每一样一元钱，都装满了一大碗，这在当时，自然都是上佳的美馔了。以后，父母也嘱我去买过几回，大抵都是有了什么喜庆事或客人来。

上述的店家，如今早已荡然无存了，这些房子的旧迹上，早在二十多年前就盖起了新楼厦。

能在人的记忆的皱褶里留下印痕的，多半是吃食店。在牛庄路和宁波路之间，还有一家"庆丰烤鸭店"，专制专售烤鸭。单开间的门面不大，店堂后面是烤鸭炉，两三个近五十岁的师傅或店员，都是男的，穿着白衣戴着白帽，厨师的模样。玻璃窗的柜台上，挂着几只新出炉的烤鸭，油光锃亮，案板师傅当场在店堂里切出一盆盆来，整齐地摆放在腰形的长盘上（其实都不大），最小的，五角，稍大的，七角，再大的，一元钱。我都记不清，我曾在玻璃柜台前站立过多少次，徘徊过多少次，然而，一次都没有买过，甚至，迄今都一次也没有品尝过。因为我母亲不大喜欢吃鸭子。母亲是家里的核心人物，我自己口袋里自然没有足够买烤鸭的钱，母亲若不下令，我也只有在外面张望的资格了。可惜的是，这家店早就不存在了，只有五十余年前少年时的回忆，还萦绕在我的脑际。

在与宁波路交界的拐角上，有一家"萝春阁"馒头店，是做生煎的，最初据说缘起于开建了"大世界"游乐场等的黄楚九，距我的少年时代，也有半个世纪以上了。这也是一家店堂不大的吃食店，专营生煎馒头，那时我不谙历史，但大人们都说萝春阁很有名的。跟着大人吃过几次，几个师傅，现做现卖。饮食行业在50年代中期前后全都实行了国营或是集体经营，对于各自的风格和特色的传承，已不太重视，一些老字号也在此期间慢慢陨落。其时也没有什么比较，觉得萝春阁的生煎馒头味道还不错，掀开锅盖后，香气四溢。那时装的盘子，记得还是搪瓷的，咬开一个口子，有湿漉漉的汤汁，肉馅很饱满，但也没有到一尝之后令人拍案叫绝的境地。跟现在大部分的生煎不一样的地方，是有褶子的一面一定朝上，锅里煎出焦黄的一定是馒头的底面，快出锅时，在有褶子的略呈尖端的一面撒上葱花或是芝麻。如今的生煎，大都是颠倒了，也不知是从何时开始的。萝春阁的生煎馒头比一般的店家贵，一般的店家，一客四只，便宜的只有一角钱，稍好的一角二分，萝春阁的，记得是一角四分，依然顾客盈门，一些顾客，远道慕名而来。老字号的声誉还在。

　　在天津路和南京路之间，有一家那时叫"五一饭店"的两开间门面的饭馆，距离一条叫"香粉弄"的小巷子很近。五一饭店，大概是"文革"后改的名字，之前叫什么，有人说是同泰祥。好像也不是，同泰祥开在今天新世界商城的北面，我父亲生日时，全家去吃过一回。五一饭店，在我们家迁居之前，就跟父亲来吃过一次。那是 1967 年 10 月初，我跟父亲来打扫将要迁入的新房子（其实一点也不新），干了半天的活，肚子饿了，父亲穿着背带裤的工装，带我走进了这家饭店，叫了一菜一汤，一个是青椒炒干丝，两角七分，一个是小白蹄汤。所谓小白蹄汤，就是上海人说的一块小蹄髈，加一点青菜，煮一个汤，三角五分。这价格我当时记住了，竟然迄今都没有忘记。当然，饭、菜、汤，都吃了个精光。后来我去南京东路小学和红光中学上学，也常从店门口走过，又会徘徊许久。店门口的右端，在一个玻璃柜内，陈列了所有的菜肴，都是实物，最廉价的，是三分钱一碗的大众汤，就是咸菜汤，最贵的，是四角九分的清炒鳝糊。店里都是木制的八仙桌、长条凳。我好像就最初进去过一次，后来都只是在店门口张望而已。后来，这边的房子也被拆除了。

我家在浙江路的东侧，所以我行走的浙江路，都是东面的一边，路对面的西侧也有不少店，由于基本不走，我都没有什么印象了。在天津路和南京路的一段，就是先施公司、那时叫上海服装商店的那栋大楼靠浙江路的一面，有一家南京东路地段医院（当然现在早就迁走了），去看过几次病，有临街的阳台，接近落地的大窗，屋内很明亮。其他的印象，很疏淡了。

浙江路以西的界隈

　　浙江路以西至西藏路的这一片，早先也是剧场、电影院的荟萃之地，总数在十家以上。相对而言距我家最近的，是最初曰金城大戏院的黄浦剧场，在北京东路贵州路转角，从我家走过去，需要七八分钟。有关这家剧院，1936 年 1 月初发表的《国片之宫》（收录于《上海研究资料》续集）中这么写道：

　　首都世界大戏院经理柳中浩氏，经营电影院颇有方略。在 1933 年（民国二十二年）冬，他拓展长才到上海来，在北京路贵州路口，北京大戏院的对过，租定地基，斥资十万零二千五百元，聘华盖公司建筑师赵深制样，建造新式电影院一所，内有 1786 座，锡名曰金城（Lyric），次年 2 月 1 日开幕，3 日起正式营业。开幕之初，先从北京夺得联华出品专映权；其年秋冬，又获得新兴两公司——艺华及电通出品的特约契；迫至今年 11 月，复从新光夺得明星出品首映权；天一制片，今亦在金城放映。这不满两足岁的新生电影院，气焰已自不可一世了。外片在华，现在势力固其雄厚。可是像金城这样的为国片出路努力服务，如以真正的合作精神，加以持久勉励，其收效必定是意想不到的了。

勉矣！国片之官！（上海书店 1984 年影印本，第 563 页）

这一段，是我迄今看到的有关金城大戏院最早的详细文字。关于里面说到的"聘华盖公司建筑师赵深制样"，另有文献指出，实际的设计师是与梁思成一起在美国宾夕法尼亚大学留学归来的童寯（徐翌晟：《设计了金城大戏院、大上海大戏院的建筑大师，背后还有这么多故事》，载《新民晚报》2013 年 3 月 18 日）。这也是完全有可能的，童寯在1931 年加入了赵深的公司，名义上是赵深的公司出品，实际的设计者或许是童寯。

金城大戏院还以 1935 年 5 月 24 日上映了有《义勇军进行曲》的《风云儿女》而出名。这首由田汉作词、聂耳作曲的电影歌曲，后来成了中华人民共和国的国歌，金城大戏院后来以国歌的唱响地而声震遐迩。不过它以此声震遐迩的时候，早已改名为黄浦剧场了，而我当年频频到黄浦剧场看电影的时候，也完全不知道这些故事，因为那时田汉早已1968 年孤独地死去（一说自杀），《风云儿女》这部电影，也无一人提及，真的消失在了风云中。

"文革"期间，还实在很少有像样的国产故事片。我的日记对当时的情形，有些记录：

1972 年 2 月 18 日　阴雨

晚上与赵坚在黄浦影院观看了彩色舞台艺术片《奇袭白虎团》，印象较好。

1972 年 8 月 9 日　多云

傍晚在黄浦影院观看了阿尔巴尼亚故事片《广阔的地平线》，感想很深。

影片在不很长的篇幅内，歌颂了社会主义的劳动英雄亚当雷卡，每一个微妙的镜头都反映了社会主义阿尔巴尼亚的共产主义新风尚，从马拉尔的舍己救人一直到为抢救国家财产而光荣牺牲都闪耀着新风尚的光彩……

1972 年 9 月 2 日　晴到多云

晚上同老马在黄浦影院观看了新近拍成的彩色纪录片《战斗歌声传友谊——欢迎朝鲜平壤歌剧团》。影片摄取了很多镜头，集中反映出了中朝两国人民的深厚情谊……

1974 年 4 月 10 日　晴

下午去黄浦影院观看了彩色纪录片《热烈欢迎墨西哥贵宾》，据说这部片子在墨西哥已上映。

还有一部《列宁在十月》，我肯定是在黄浦剧场看的，但日记中一时找不到具体日期了。

"文革"结束后的 1977 年下半年开始，一些"文革"前拍摄译制、"文革"中被禁止上映的电影，陆续被解禁，我在黄浦剧场看的有《达吉和她的父亲》、苏联电影《保尔·柯察金》、彩色戏曲片《红楼梦》、彩色故事片《万紫千红总是春》《红色娘子军》等。黄浦剧场对我而言，还有一件值得记述的事。我中学毕业后被分配进一家集体所有制的小工厂，生产半导体器件，隶属于黄浦区手工业局。1977 年 9 月 15 日，黄浦区委在黄浦剧场举行大会，宣布区手工业局解散，此后，我的工厂就归上海市仪表局领导。大会结束后，放映了电影《东进序曲》。

我更多地在黄浦剧场看电影，是在 1983 年及以后的两年，那时我大学毕业后分配在虹桥机场海关供职，做一天休息一天，休息的一天，就经常会到距家最近的黄浦剧场买票看电影。那时，陆陆续续各个国家的优秀电影都引进到了国内，白天的场次，票子相对容易入手。后来搬离了黄浦区，几乎就没有再踏入过这里，一晃，也近四十年了。

浙江路"杜五房"的对面是牛庄路，路口及稍往西，也是剧场戏院的汇集地。路口是一幢身跨浙江路和牛庄路两条马路的公寓，原本四层楼，外观挺考究的，褐色的砖墙，二楼以上都有颇为精致的阳台，现在则被改造得面目全非，四楼上又加出了一些房子，叠床架屋，弄得很难看，因为住户的档次下降了，也是之前的住房紧缺造成的。

在牛庄路上与这幢公寓毗邻的，便是赫赫有名的中国大戏院了。风格与公寓相近，整体是三层楼，中央是向上延伸的两座小的四层塔楼，塔楼的正下方，就是剧院的正门，底层外部涂成灰白色，有水平勾缝，二楼三楼的外部，也有考究的阳台，内部的剧院也是三层看台，相当气派，已被列为上海优秀历史建筑。剧院初建于 1930 年，初名三星舞台，后又改名更新舞台，1944 年才更名为中国大戏院，我居住在浙江路桥南堍的时候，这里通常叫中国剧场，后来才恢复原名。前几年进行了大的修葺，大抵恢复了最初的面貌。这里一直是京剧舞台，近现代史上的名角几乎都在这里演出过，张君秋、马连良、梅兰芳等，都在舞台上亮过相。"文革"时期，各种戏剧几乎都遭到了停演，但匪夷所思的是，八个样板戏多为京剧，而我的记忆中，这里几乎也没有演过什么京戏。当时最大的用场，便是各种大会的会场。从小学开始，我就一直做各种小小的政治宣传干部，也曾来这里参加过各种名堂的大会，大多是传达上级精神的大会、批判大会，间或也有赛诗会、歌咏会等。中国剧场，当时的主要用途，大抵在此。我不记得在里面看过戏或看过电影。如今大戏院内外都已修复了，大概京剧的观众锐减，只是不定期地上演一些话剧和娱乐性的音乐杂剧，老观众已经退场，新观众的目光还没有注视到这里，显得有些冷落。周边各种大大小小的吃食店，倒是热闹非凡，油炸的，煎炒的，蒸煮的，烟火气盖过了锣鼓铿锵的艺文气。

中国大戏院的斜对面是新光电影院，东面靠着广西路，南面是宁波路，是一幢混合了西班牙和意大利风格的三层建筑，外立面装饰不同寻常。初建于 1930 年，早期放映欧美片和国产片，鲁迅也曾带了家人到这里来看过电影，1931年 11 月 21 日的日记记载："下午邀蕴如及三弟并同广平往新光大戏院观《禽兽世界》，观毕至特色酒家晚饭，食三蛇羹。"（《鲁迅全集》第 14 卷，人民文学出版社 1981 年版，第 902 页）后来这里上演京剧和沪剧，1936 年 3 月，梅兰芳曾陪同来沪的卓别林到这里看过马连良的演出。日本占领上海后，这里成了话剧的演出舞台。1944 年，张爱玲将自己的小说《倾城之恋》改编成话剧在这里上演。日本作家阿部知二 1944 年秋天经人介绍到上海圣约翰大学用英文教授"小说研究"和"文学概论"，经一名中外混血的学生法蒂玛（中国名字叫獏梦）的介绍，认识了张爱玲，一起去看了话剧《倾城之恋》。阿部知二有这样一段记述：

法蒂玛用一口难以听懂的语速很快的英语向我毫不掩饰

地表示了她对日本和日本人的厌恶，然后将我带到了她的一个朋友、从香港逃到上海的女作家的家里。那位被称为 C[1] 的年轻作家，过着贫穷的生活。据说她是李鸿章的曾孙，服饰考究，但给我和 M（獏梦）喝的只是白开水，我们在没有任何暖气的公寓的一间屋内谈论了文学。几天后，我受邀去看了她的一部戏剧。剧情不是很看得懂，但可知晓这是一出以日军侵入香港为背景、讲述一个年轻的女子与海外华侨恋爱故事的戏剧。（阿部知二「追憶」，载东京『ニューエイジ』第一卷第六号（1949 年 6 月），第 77 页）

　　根据阿部知二的叙述，这部戏剧应该就是《倾城之恋》。阿部知二不谙中文，带他去看戏的剧院名字，他也不曾记住，根据历史文献，就是新光大戏院，《倾城之恋》在这里连演了 80 场，在当时的艺文界，也是一件轰动的大事。据说，新光在"文革"初期曾被改名为"红卫"，这我已没有印象了，从我知晓它起，大家都称为它为"新光"。"文革"后期，有亲戚等送来几次内部放映票，都是外国电影，在当时就觉得很开眼界。"文革"结束后，这里一度很热闹，成了上海各种内部电影和热门电影的上映点，甚至出现了倒卖电影票的"黄牛"，门口常常是人头攒动。

　　从宁波路再往西，绕过六合路，就来到了西藏路，当时

---

[1]　张爱玲姓名的英文标示是 Chang Ai-ling。——引译者注

这里云集了好几家影剧院，最著名的当然是大上海电影院，最早是 1933 年开业的大上海大戏院，我在这里看过很多电影。"文革"后期，在这里看过一部朝鲜电影，且抄录一段当时的日记：

1975 年 10 月 20 日　晴到多云

今天往大上海电影院观看了由朝鲜二八电影制片厂拍摄的彩色宽银幕故事片《金姬与银姬的命运》。影片用顺叙、倒叙、插叙等种种艺术方式，叙述了金姬和银姬这对孪生姐妹，由于处于祖国的北方和南方，不同的社会制度，给她们带来了两种截然不同的遭遇。金姬在金日成元帅的关怀下，衷情欢唱在艺术舞台上，过着幸福的生活，而银姬则在朴正熙集团的压榨下，沉沦在酒吧间卖唱，最后双腿致残，生死未卜。

通过这个动人的故事，影片歌颂了北朝鲜社会主义的欣欣向荣，揭露了南朝鲜遭受凌辱、民不聊生、一片破败。使人对朝鲜南北两地有了深切的认识。

那个年代，朝鲜电影不仅感动了朝鲜本土的人民，也感动了"文革"时代的中国人的我。这应该是那个时代中国人的最一般的认识。一个人对自我和外界的认知，极大地受他所获得的信息和言论的左右。我也未能例外。

"文革"结束后，情形出现了一些变化，我的认知也发生了微妙的变化。印象比较深的，是在"大上海"看的一部罗马尼亚电影《奇普里安·波隆贝斯库》。看这部电影之前，我完全不知道还有这样的一位音乐家，今天也很少有人记得他。这部电影也是我喜欢上欧洲古典音乐的一个重要契机，容我再抄录一段日记，以存其实：

1978 年 7 月 16 日　晴到多云　星期日

晚上我和成樑在大上海电影院观看了罗马尼亚彩色宽银幕故事片《奇普里安·波隆贝斯库》。这是一部充满了浓郁的诗情画意的影片。整个电影画面清晰、明朗，色彩鲜艳、柔和、和谐，整部影片是由优美的提琴曲、节奏欢快明朗的民间舞曲、抒情轻快的圆舞曲、雄壮激昂的歌声、深沉凝重的钢琴曲以及歌剧音乐交织而成的。影片歌颂了生活、劳动和爱情，给我们展现了罗马尼亚大自然的风光，更表现了罗马尼亚人民酷爱自由、独立的战斗精神。这部影片主要描述罗马尼亚十九世纪杰出的音乐家波隆贝斯库的一生。这部影片是我迄今为止看到的最好的一部罗马尼亚电影。

再早一些的 1977 年 4 月 17 日，我还在"大上海"对面的红旗电影院看了一部罗马尼亚电影《沸腾的生活》，当天我在日记中记道：

这是一部很好的电影，它使我们了解了一点发生在960万平方公里之外的事情，它开拓了我们的眼界，给我们很好的教益，它也激起了我们想要过更好的生活的愿望。看完电影，我们四人还在激动地谈论这部电影，觉得这是一部值得一看的好电影。

几乎同一时期，我还在大光明电影院观看了另一部罗马尼亚电影《橡树，十万火急》。那个时候，我们几乎还没有看到欧美其他国家和日本等国的电影，70年代后半期的罗马尼亚的电影，差不多是我们所能看到的最好的外国电影（此前只有阿尔巴尼亚和朝鲜的电影），毫不夸大地说，当时所能看到的罗马尼亚电影以及同时进来的《罗马尼亚画报》，为我们这一代人开启了一个看世界的窗口，虽然这个窗口本身也是很狭小的，且那时的罗马尼亚，还在齐奥塞斯库的时代。1979年在北京念书时，来自奥地利的留学生罗曼诺一脸困惑地问我说：你们中国人怎么这么喜欢罗马尼亚？罗马尼亚是欧洲很穷的国家呀！确实，后来我慢慢了解了很多的世界真相，但我迄今都不想否认70年代后半期，罗马尼亚的电影给长期处于闭塞状态的我们所带来的冲击和震撼，而且这种冲击是正面的。

1978年11月1日，我还在大上海电影院看了日本电影周上映的故事片《追捕》，我在当天的日记中写道：

这是部惊险片，拍得很有特色，故事情节虽不怎么复杂，但能一环紧扣一环，处处引人入胜。电影的制作者在不违反生活真实的前提下，能用变幻莫测、出奇制胜的方法来紧紧扣住观众的心弦，使银幕前的人和银幕中的人物的思想感情融汇在一处了，使人感到妙趣横生，赞不绝口。然而，对于中国观众来说，这部电影更有吸引力的，是因为它向人们展现了一幅现代日本生活的画面（虽然有限）。

这部电影成了上海目前最热门的影片。

与"大上海"一街之隔的影剧院，还有西藏路西侧的"红旗电影院""五星剧场"和"西藏书场"，不过当时的功能，主要是开大会、各种政治教育。"文革"末期，"红旗"主要放映新闻纪录片和科教片，到后来也多半是放映故事片了。西藏书场除了偶有评弹表演，主要也是放映电影，再加上南京路以南的和平电影院（"文革"时改为"战斗电影院"），南京路上的大光明电影院和长江剧场，浙江路南边的浙江电影院，这一带的影剧院，真是不少，"文革"以后，已经完全压倒了四川路海宁路一带的老电影院街。只是这一带的旧貌大都已荡然无存，原先的房子，连踪迹也没有了。或许，人间正道是沧桑。

靠近浙江路的天津路上，先施公司的北侧，有一家开业于 1919 年的浴德池，差不多是当年上海最高档的一家浴池了，平素也没有想到要去体验。70 年代后期，一次亲戚拿来了价值每人一元的浴票，算是挺高级的了（我小时候在吴淞路上洗浴的时候，每次只是一角五分）。记得上了三楼，也谈不上是包房，但客房较小，干净整洁。浴客很少，完全没有大众混堂的喧嚣和芜杂。每人有一个躺位，浴池也小，颇干净，出浴后，有服务员谦恭地递上洁净的浴巾让客人盖在身上，然后躺在舒适的斜躺椅上，身旁置有茶几，服务员送上盖碗茶，可在此放松休息。只是空间不大，空气多少有些浑浊，也多少有些逼仄的感觉，我喝了茶，就出来了。到了 90 年代末期，这样的地方就很多了，在那时，对我而言，多少也有些新鲜。1924 年泰东图书局出版的陈伯熙编著的《上海轶事大观》一书，专门设有"浴池"一节，里面特别提到了"浴德池"：

混堂者，筑一约横五六尺、直八九尺、深三尺之大池，四周筑一不盈尺之短墙，别以锅烧汤，以桶倾之池中，可容浴者十余人，每人需费铜元数枚。日本的浴池亦即此类，第日人好洁，浸身池中前必在池外擦身，令无纤垢，始再入池中，领略游泳之趣，故池水常洁。至如水面稍有浮腻必去之，易以清水，而水之温度亦适中，不至浸久则头目昏眩，费亦铜元二三枚而已。吾国之浴池则与之相反，其中空气闭塞，水腻如油，热度亦过高，故常蒸腾如云雾，咫尺不辨人面，汗臭气和肥皂气中，人欲呕吐……今则南京路之浴德池，已分楼房数间，内容亦略如浴清池，取值则皆昂至三角或四角，然昔之混堂、盆汤、官汤仍依然设置，未废也。（《上海轶事大观》，上海书店出版社 2000 年版，第 90 页）

编著者似乎去过日本。日本除温泉之外，在江户时期开始兴起"钱汤"，即公共浴室，书中的描写，应该就是"钱汤"，至今仍有。在东京等大城市，有一些简易的公寓，房间狭小，室内没有浴室，住客需常常去"钱汤"洗浴，只是，没有浴室的公寓越来越少，"钱汤"也就日趋衰败了。至于书中所写的中国浴池，我在吴淞路时代完全体验过，后来常去的北京路、西藏路和新闸路交叉地的"大观园浴室"（"文革"中改名为"沪中浴室"），情形也差不多。90 年代中期，我还曾陪同日本摄影家中川道夫到那里去拍过记录上海实相的照片，街角的浴室外景和热气蒸腾的混堂内景，被摄入了他的镜头，后来图片发表在了《太阳》杂志上，留下了一点残影。今天，这一切全都被拆除了，随着蒸腾的热气一起，消失了。

浙江路南京路口向西走没有几步，过永安公司（当时叫上海市第十百货商店），在一条很小的名曰"金华路"的小马路的西侧，当时有一家"闽江饭店"，店面朝南京路，好像只有单开间的门面，但纵深较深，环境还可以。1976 年深秋的某日中午，我母亲四十岁生日（实际上只有三十九周岁，上海人都以虚岁计），全家人并请了外祖父母等，总共七个人，一起聚在闽江饭店为母亲庆生。闽江饭店，自然是福建风格的菜馆了，可是据我当时的日记所记录的菜肴，好像也没有什么福建的特色：两个冷菜，都是拼盘，分别是蜜汁小排、酱肉、烤鸭、酸辣菜、猪肉片、熏鱼。热炒则有炒鸡丁、蛋白鱼片（现在也许叫"芙蓉鱼片"了吧）、酱爆肉丁、红烧鱼块、蘑菇肉片、素什锦、炸双鱼、椒盐排条等。汤有两个，七星鱼圆汤和豆腐肉丝羹。七星鱼圆汤显然是福建风了，其他好像都是上海风格的家常菜。这家店也许有佛跳墙，大概太贵，就没有点。不知是嫌店里的酒不合口味还是嫌贵，自己到外面的商店里去买来了葡萄酒和绿豆烧。在那个时代，这些菜肴也算是很丰盛了。再过去，有名气较响的新雅粤菜馆和燕云楼，"文革"结束前，好像都没有踏入过。闽江饭店已经消失了，新雅和燕云楼还在，50年代中期起，改为国营，菜色和服务都令人不敢恭维，新雅偶尔还有些年轻人，燕云楼则完全颓败了，连门面也换到了杂乱的广西路上，进门就是一股老旧冬烘的味道，虽然也是老铺，总体的感觉是完全落伍了。

人生的第一次出游：杭苏之行

　　这部分的内容在地域上已越出了"魔都"的范围，不过，杭州与苏州，在人文与地理上与上海紧密相连，而差不多五十年前的这一段旅行，与今天的所谓出游，在食住行方面，实在是有天壤之别，也正因为如此，有一些体验值得稍作记叙。

　　中学四年，最要好的同学，就是赵坚和马成樑（后来还有钱炳霖等）。赵坚的家乡在浙江萧山临安，他之江大学毕业的父亲后来一直住在那里，也有很多亲戚居住在杭州。他多次说起，邀请我和成樑到杭州去玩。今天的上海人去杭州，似乎是一件太不值得一提的小事了，快一点的，四十五分钟即可到达。可在上海生活了十八九年的成樑与我，竟然连一次都没有望见过西湖的水，甚至，我们连苏州也没有去过。之前我的全部旅行轨迹，就是上海到宁波，宁波到上海，几乎都是乘坐从十六铺码头启航的"宁波轮船"，这纯然是去省亲，去看望我的祖母和大伯等。我的祖籍虽是宁波，却是连月湖边也不曾走过，阿育王寺和天童寺也不曾拜过，东钱湖，好像那时都没有听说过。除了宁波，我没有去过上海之外的任何地方。如今，中学毕业了，上班的单位还没有正式定下来，恰好有一段假期，向父母要了一点钱，在1975年2月15日，怀着激动的心情，踏上了南下的列车。

不是高铁，不是特快，甚至都不是运载旅客的客车，我们乘坐的，是装载货物的"棚车"。就是外表黑乎乎的铁皮车，里边铺几张席子，除顶上有一个小小的窗子外，两边没有一扇窗户，顶上垂下来几盏昏黄的电灯，开车以后，一直在晃动。角落里放着一个很大的便桶，用草帘子粗粗一隔。上车的地点在上海西站，早上车的人，找一个相对好一点的部位，尽量远离散发出气味的便桶。乘客便散坐在昏暗的车厢内，几乎看不清彼此的面影。这样的"棚车"，一般在春节前后启用（那时还没有"春运"这个词），以补充客车的不足。而我们乘坐"棚车"，主要的动机还是在于省钱。列车在早上五点三十分开动，中午十一时，抵达杭州站，行驶了五个半小时。

那个时代的私人旅行（实际上也极少），住宿在像样的旅馆（好像还没有宾馆酒店的说法）是一件相当奢侈的事情。这天，赵坚的父亲和姐姐等热情地到车站来把我们接到了亲戚家。招待我们吃过午饭后，就陪我们去游览西湖。日记里留下了我这个文学少年满是学生腔的激情文字：

走过解放路，我们来到了湖滨大道上漫步。透过树枝和房屋，西湖水像一个娉娉婷婷的美丽少女掀开了面纱似的坦然显露在了我们面前。这就是西湖！这就是我梦寐以求一游的西湖！这就是我日夜思念憧憬的西湖！先前从古人的诗文中、今人的散文小说中无数次读到过有关西湖的描写，那时我是多么希望能够到那里去眺望一下，哪怕是瞥一眼也好，而如今，我已经站在西子湖畔了！

接着又是一通堆满了辞藻的对西湖的描写，这里就略去了。下午，坐着公交车去游览了灵隐寺。我尤其喜欢沿途的九里松一带，那时游客很少，又正值冬末，人迹稀少，而路边植被茂盛（虽然树叶大都脱落了），不时可见山和湖。想起上海几乎没有一条像样的散步道，没有逶迤的山峦，没有烟波浩渺的水面，我立即喜欢上了杭州。我们穿过灵隐寺，登上了飞来峰的亭子，在此可以俯瞰整个灵隐的风光。让我有点激动的是，下山的时候，见到一弯溪流淙淙而下，发出了激越而清泠的水声。这本是很寻常的山间风景，可我有生以来还没有见到过天然的溪流（公园里有所谓的人工瀑布），忍不住发出了欢呼声。也实在可见，我们这一代人，生活在那样一个时代，阅历是多么的浅，眼界是多么的窄。

几天之后，我们三个少年，来到湖边租了一条手划船，自己摇起了木桨在湖面上荡漾。水面之宽，也绝非上海公园

"而如今，我已经站在西子湖畔了！"

里的池塘可比。那时三潭印月的三个潭（实际上是湖面上的三个石灯笼），四周还没有用铁栏杆围起来，可以随意靠近。我们顽皮地爬上了石灯笼，拍了照，这些黑白照片，今天竟然都留存了下来，换了今天，这样的举止，也许算得上损毁文物了。

　　我们一直很想去体验一下传说中的九溪十八涧。这次的西湖之行，在清波门这里坐了公共汽车一直开到南部的九溪口。正值午饭时间，我们在一家名曰"九溪饭店"的乡村风的小饭馆里用了午饭，记得是很特别的陶质的饭钵，盖浇饭，虽然简单，却吃得很香。那时居然还有很充沛的溪水，倾泻而下的水流撞击着溪石，发出轰然的水声，让我们欢欣不已。溪水两岸是起伏的山岭，苍松翠竹，还有大片的茶园，这样充满了野趣的风景，都是以前没有领略过的。走过了几段溪流，还没有尽头，于是我们就按原路折返了。1989 年 4 月，我带着来复旦大学开会的近十位港台作家又到这里来走过，正值雨后，有踩着溪涧的石块跨过溪流的印象。前几年，浙江大学的一位朋友开车又带我去了九溪十八涧，周边已经修得十分整齐，有波平如镜的池塘，却再也没有寻到当年溪流奔腾的迹象。也许来的不是同一个地方。

　　按计划，我们还要从杭州到苏州去。我们选择的交通工具，是如今早就消失了的夜航船。那天傍晚，乘电车前往卖鱼桥的船码头，不巧是下班时间，电车极为拥挤，我们屡屡乘不上，待赶到码头时，已临近开船了。心急之下，我鼻血直流，手里又是大包的行李，一路跟跟跄跄，跌跌撞撞，幸好成樑身体比较壮实，连扶带拽，把我拖进了船舱。那完全不是后来的大运河游船，就是普通的木船，低矮狭长，外观漆成油布伞的黄色，一艘小火轮拖着两艘客船前行。船舱内倒是比较干净宽敞，有电灯，走道的两侧是一排排的木制座椅，两边有窗，不很挤，人可在木椅上斜躺。船行不久，天就黑了，窗外一直就是黑漆漆的一片。明代张岱有一本书曰《夜航船》，是一部文史杂集，书内辑录了各种知识故事，供旅人在漫长的夜航之行中闲谈消遣，是晚明小品的佳作。我们一连几日东奔西走，上船前又是一阵紧追慢赶，坐进船内时，已是身心疲惫，头晕眼花，完全失去了那士子高谈阔论的闲情逸致，姑且学那船上的僧人，伸伸脚睡了。

翌日早上七时许，天已经亮了，上了岸，按地址找到了一位要好的女同学父亲的厂里，他再把我们带到他的宿舍，我们就把这里权作客栈，盘桓几日。宿舍在井冈山路（现在不知叫什么路名）间的一条巷子里，"很宽绰，楼上楼下都有，还有厨房。不过房子有些破旧，窗下就是一条小河，人家尽枕河，真是名不虚传"（1975 年 2 月 20 日日记）。

然而，从美丽的杭州过来，我对苏州的印象并不佳，除了园林。芥川龙之介 1921 年来游览时，写出了苏州市面的一点繁荣，总的感觉却是陈旧破败。1975 年 2 月的苏州，似乎也没有大的改观。除了在人民路上有些新建筑，大部分的房屋都有些颓败，街道狭小湫隘，不少墙面已漫漶剥落，虽有纵横的小河，那时的河水大抵都已污浊，有些令人不快的气味。传统的拱桥已不多见，代之以一些样式难看的水泥桥，脑子里原先存入的粉墙黛瓦的江南水城的风情，一路走来，几乎难以寻觅。日本作家谷崎润一郎1918年的秋天到苏州来，回去后写了一篇很长的《苏州纪行》，有一段记叙了他坐着画舫游苏州的景象：

这一带的河流要比东京的外濠还宽广些，河水当然是盈盈满满的。船的右舷方，前天傍晚如幻象一般展现出来的城墙和高塔，在没有一丝云彩的万里碧空中，轮廓鲜明地蜿蜒相连。今天城墙远方的天空也是清爽澄澈，因此使人很难相信在其之下竟隐匿着一座三十万人口的大都会。无论这城墙的石垣有多厚，在其背后的城内的街市喧杂之声多少总会透发出来一些吧，却听不到一丝市井的杂沓之声。我出神地凝望着在朗朗朝阳照射之下寂然耸立的城墙，不觉感到连其石垣似乎都像是戏剧舞台上使用的布景道具。

……

不一会儿，我的船来到了苏纶丝厂的砖墙边。但我的眼前已展现出石拱形的吴门桥，它正迎接着我的到来。昨天从桥上经过时，因石阶太陡，只得跳下驴来行走，由此可见拱形相当高。从船上望过去，可见拱形下桥那边鳞次栉比的屋舍，远方的天空下在烟霭中有些迷濛的虎丘塔和灵岩山塔的影姿。船在桥下通过时，可清晰地看到拱形的左右两边石柱上刻着"同治十一年壬申夏四月""苏州水利工程总局重建"的字样。

……

我的船从这个方向依次穿过了三座拱桥。第一座拱桥上，在与水面相接的拱形柱的两边，刻着"两岸桑麻盈绿野""一渠春水漾思波"。盆石似的远山背面又出现了一座山。那座山上整面的都是红叶，在阳光的照耀下熠熠泛着红光。在驶近第三座拱桥时，河的景象顿时大变，已经一点也没有运河的模样。水上四处漂浮着无数的落叶、树果和浮草。土堤上是荫荫的一大片已抽穗的芒秆，其间不时夹杂着盛开的菊花。大概已来到刚才看到的树林边了吧。不知从何时起，岸边的树木多了起来，杨柳、栌树等高大的树干，长长的枝桠交互在一起，遮蔽了水面。水是绿色的，犹如寒水石一般凝滞不动。枝叶投下了斑驳的树影，仿佛落下了无数金色的碎片，闪着粼粼的波光。不一会儿在右舷边树林最为茂密的地方出现了牛王庙的粉墙。穿过第三座拱桥不久，河流到了尽头。（谷崎润一郎著、徐静波译《秦淮之夜》，浙江文艺出版社 2018 年版，第 34—39 页）

1975 年 2 月，苏州城里的景象已有些改观，主要街道通了公共汽车，不必像当年的芥川和谷崎那样，市内的游览，除了坐船，都要依靠骑驴。但总体的感觉却并无大的不同，只是河水较之前污浊了。一直到 90 年代后期，才开始有了水质的治理，情形慢慢好了起来，今天的苏州，又焕发出了它的魅力。当年有关苏州园林的游览文字，这里就略去了吧，园林本身，今天亦无多大的改变。

七

我做了四年半的
"办公室工人"

很久以后，我才知道这里以前叫 "朱葆三路"

虽然在课堂上正儿八经上课的日子并不多，但两次野营拉练再加上两次学工、两次学农的经历，说实话，四年的中学生活还算丰富多彩。到了 1974 年下半年，严峻的毕业分配就迫在眉睫了。整个学校，有一个人可被选定去培养外交官的外语培训班（三年制），若干人有幸去参军，其他的人，如果你不是长子或长女，那么你的命运基本上就已经被决定了。你的哥哥或姐姐已经在农村，那么你就可以高枕无忧地进入工厂或商店。而你的哥哥或姐姐若已在工厂，你就必定要去农村（1974 年时，纯然去外省的农村插队落户已经没有了，所谓农村，好一些的，是市郊诸如崇明和奉贤的农场，差一点的，则去远在江苏盐城南面的隶属上海的海丰农场）。那么，长子或长女（上海话叫"老大"）呢？可去工厂，也可以去农村。我是长子，前途未卜。我母亲自然害怕我去农村。1974年年末时，无论"农村是一个广阔的天地，在那里是可以大有作为的"的最高指示是如何响亮，但是六七年来的实际情形，已经使上海人对遥远的农村谈虎色变、望而却步，实际的现实已经使人明白，一旦去了农村，你也许一辈子都不得不与上海"斩断情缘"。你的户口一旦迁离上海市区，你也许永远也做不了上海人了。

　　尽管我屡次被评为黄浦区学习马列、毛主席著作的积极分子，且是第一批加入红卫兵、很早加入共青团的人，应该算是一个红彤彤的人了，照理我应响应上边的号召，主动报名去农村了。不过那时，我已完全没有了红色的冲动。我的二舅，同济大学土木工程系毕业后被分配到了四川省渡口市（现攀枝花市），"西北望长安，可怜无数山"，想回上海而不可得。我的小姨，上海商业学校毕业后，被动员去了天寒地冻的黑龙江，遥望上海，怅然怃然，"独怆然而涕下"。他们也许要终老在异乡了。对去农村，我表现出了畏畏缩缩、裹足不前。一向以乖乖男的形象出现的我，博得了老师的同情。我眼睛深度近视，700—800度，我弟弟比我小四岁，可去工厂也可去农场。幸运地，我去了一所工厂。但是轮不到国营的大工厂。1975年3月，我被分配进了一家隶属黄浦区手工业局的小工厂，生产半导体器件（现在看来当然是很低级的半导体了），三百多员工，厂部设在溪口路上，一个重要的车间在金陵路的一条弄堂内，还有一个金工车间在江西中路上。

很多年以后，我在阅读上海历史文献时，始知厂部所在地的溪口路，很长的时间里被叫作"朱葆三路"。朱葆三（1848—1926）的名字，现在很多人都已很陌生了，这位来自浙江省定海县（旧属宁波市，现改为舟山市定海区）、十三岁时来上海五金店当学徒的外来少年，经多年的勤奋和拓展，一举成为上海滩上的商业巨擘，成为上海的宁波帮领袖。辛亥革命时，筹措资金支持推翻清上海道台的革命军，上海独立以后的 12 月 2 日，被公举为沪军都督府的财政总长，后来又三次出任上海总商会的会长，俨然是上海商界德高望重的大佬。成了富翁的朱葆三，不忘自己出身的低微和穷苦，创办了广济善堂、仁义善堂、四明医院、吴淞防疫医院、上海公立医院以及同济医工学校、宁波益智学校等诸多慈善机构、医院和学校。鉴于他卓有影响的善行良举，上海法租界的公董局于 1922 年通过决议，将朱葆三所开的"华安水火保险公司"所在的、位于爱多亚路（今延安东路）和公馆马路（今金陵东路）之间的一条南北向的道路（一说原名为永兴街），命名为朱葆三路（Chu pao san Rue），以表彰他对上海的杰出贡献。1943 年 7 月 30 日，汪伪政府宣布"收回"法租界和公共租界，根据其 10 月 8 日发布的"训令"，将原法租界以外国人名等命名的路名改为纯然中国式的路名。朱葆三并不是外国人，却也因此受到误解，朱葆三路被改为溪口路，抗战胜利后，曾一度复名朱葆三路，但中华人民共和国成立后不久，就一直称为溪口路。因此 1975

年 3 月我进入这里的工厂时，人人都称此为溪口路，完全忘却了朱葆三路的旧名。

溪口路的长度大概只有百余米，两边都是巴洛克风格的砖混结构的三层楼房子，街两边几乎左右对称，窗户和门都很大。当年朱葆三的保险公司也在这里，当初应该是有些气派的。不过 1975 年时，外观基本还在，内囊已很破旧了，长久失修，都有些黑糊糊了，有工厂和仓库之类的，更多的是住家，窗口都支出了各色晾衣架。我们工厂在西边一侧从某门洞进去的二楼三楼，沿着宽大的楼梯走上去，左手边的走廊口算是厂门了，右手边的走廊则是居民杂居。进入厂内，居然也有尿布晾了出来，原来厂内还有一户居民，由于各种原因，仍然住在这里，门口还有各种杂物堆积，与半导体器件厂的内涵实在是大相径庭，让人大跌眼镜，失望也是难免的。

刚进厂时，我被分配到金陵路弄堂内的车间，做成品的测试工作，才一个月，被调到了溪口路的厂部，做政治宣传的案头工作。原来红光中学英文最棒的林志东老师，"文革"前是校长，与他搭档的党支部王书记，现在当了我们工厂的党支部书记。林老师没有直接教过我，但一直很喜欢我，某日遇见王书记，说我们红光中学有一个笔杆子，现在分到了你们工厂，不可埋没他。我是事后才知晓林老师的美言。于是就从车间（其实也很干净，都要换了白衣白帽和拖鞋入内的）来到了办公室，叫作"政宣组"，具体的事务，是办一很久以后，我才知道这里以前叫"朱葆三路"

溪口路，旧名朱葆三路

203

个上海话的广播站、日常的黑板报,和一个刻写蜡纸自己印刷的工厂简报,当然,还有领导布置的各种文书、小结、报告的撰写。1978 年年初,恢复了厂长制,新调来了一位刘厂长,我的名头就变成了厂长秘书,工作的性质却大同小异,也经常下车间干活,但算不上真正的工人。

又要来说一点吃饭的事。工厂分散在三处,没有专门的食堂,解决吃饭问题大抵有两个途径,一是由里弄里的食堂将菜运送到厂里,各自购买,另外则是由各人自己从家里带菜来。当时,米饭都是用每个人自带的米蒸煮的,厂里提供免费的蒸煮设施。那时没有微波炉,自带的菜肴凉了,也可稍后放在蒸笼里蒸热。那时的肉蛋之类都是配给的,钞票之外,还需肉票蛋票等,能有一块大排或是白斩鸡之类的,就很豪华了。外卖之类,当然连萌芽也没有,到外面去吃一碗面,大概也不大舍得,一碗光面也就是上海人说的"阳春面",至少也要一角到一角二分,那大概是吃不饱的。人们的日常生活,只求温饱,对于各类的美食,即便想要激起一点梦幻,恐怕连这梦幻力也是很羸弱的,贫穷限制了想象力。

那时有所谓的学徒待遇,其实活儿都是一样干的。厂里的师傅多半是四十岁开外的女性,识字不多。政治学习,多半是我们这些从学校里出来不久的学生哥学生妹(其实自己也没有读过什么书)来读报,且要用上海话来念,当时的说法,是与工人群众打成一片。因此这些师傅们,其实也没有什么技术。每一道工艺的工序，大抵都不复杂，新人只需一两个星期就可熟练上岗，但待遇上，三年的学徒是必须的。第一年的月薪，是 17.84 元，第二年，19.84 元，第三年，22.84 元。三年期满后，在我，也就是 1978 年 3 月以后，才总算拿到了 36 元。那时的物价自然很低廉，但工资更低廉，口袋里放有 20 元钱，差不多就是土豪了。

由此，我每天的上下班，基本上是步行的。我的步行距离，真的越来越远了。最初，是从浙江路桥走到南京东路，上了中学后，则是走到汉口路外滩，上班以后，就要走到延安东路外滩了，大概单程距离在 3.8 公里吧。偶尔也坐车，那时的公交车，运载量少，上下班时拥挤不堪，拥塞的程度，远在今天上海地铁 1、2 号线高峰时段之上。在闭塞浑浊的空气中，我很容易晕车，那就索性走路吧，当然，步行的最大动机，是为了节省车钱。我人一直长得瘦弱，唯有腿脚尚健，抑或就是青少年时代被迫练就的？

天际开始显出了玫瑰色

1976 年年底，首先是在文艺舞台上，出现了一点新气象。说是新气象，实际上是把"文革"期间禁绝的"文革"前的节目重新放了出来，长期在精神上饱受饥渴的民众，即使不那么甘甜的雨露，也会在一定程度上从中获得一些满足。恕我再抄录一点日记。

1976 年 12 月 30 日　晴到多云　星期四

这几天电台热闹多了。一会儿是相声，一会儿是郭兰英等人的独唱歌曲选，一会儿是歌剧《洪湖赤卫队》，一会儿是钢琴协奏曲《战台风》，大型音乐舞蹈史诗《东方红》也重新搬上了广播。其他诸如说唱、评弹、沪剧、湘剧等，更是不胜枚举了。报纸上又预告了元旦将放映《东方红》《洪湖赤卫队》《天上的红花》《秘密图纸》等一批"文革"前的影片及《征途》《海上明珠》等新影片。从银幕中吹来的东风，已经使人感觉到了一股春天的气息。

1977 年 1 月 4 日　阴　星期三

天气还没有转暖，新的冷空气又南下了。北风呼啸，寒气逼人，路上的积水都冻结成冰了。

晚上和成樑、赵坚、炳霖诸友共同观看了电视台选播的 31 日晚在首都体育馆内举行的新年音乐会实况。这次晚会，可谓名人云集，歌唱家胡松华、马玉涛、黄玉珍等，及钢琴家刘诗昆、著名电影演员王晓棠、相声名演员马季等都登台表演了。他们纵情歌颂毛主席、周总理、华主席，愤怒痛斥"四人帮"，并演唱了不少"文革"前的歌曲，每当唱到周总理的时候，会场里就立即爆发出了一阵雷鸣般的掌声，以表达人们对周总理的深切怀念。

1977 年 2 月 14 日　晴到多云　星期一

春节要临近了，又有一批新电影要上映，其中多数是"文革"前的影片，诸如《甲午风云》《三进山城》《红色娘子军》《朝阳沟》等，也有一些新拍摄的影片，比如《金光大道》(中集)、《连心坝》、《大浪淘沙》等。总之，文艺上稍有起色。

1977 年 3 月 19 日　阴转多云　星期六

晚上与成樑一起在市革会礼堂[1]观看了上海市舞剧团（原上海舞蹈学校）演出的音乐、舞蹈节目。今晚的节目都很精彩，舞蹈节目有《采茶舞》《洗衣歌》《草原女民兵》以及舞剧《小刀会》的片段，音乐节目有王昌元的古筝演奏，闵惠芬的二胡独奏，朱逢博等还演唱了几首法国歌曲，诸如法国大革命时代的流行歌曲《出征》及《月光》《回忆童年》《云雀》等，都是用法文演唱的，引起了观众的极大兴趣。电台里播放加拿大的铜管乐曲，音乐会上演唱法国歌曲，这在"四人帮"时期是难以想象的。但现在都成了事实，这预兆了一个百花齐放的文艺春天将要到来。

1977 年 4 月 25 日　阴到多云　星期一

这两天电台里选播了西德[2]斯图加特室内乐团在上海演出的音乐会实况，其中有莫扎特的歌剧、小夜曲和巴赫、海顿的一些作品。室内乐均为弦乐。他们还演奏了中国乐曲《二泉映月》。

---

[1]　在福州路河南路口原工部局的建筑群内，后拆除。——引者注
[2]　东西德国在 1990 年 10 月获得统一。——引者注

1977 年 5 月 10 日　阴　星期三

晚上与赵坚一同骑自行车到文化广场去欣赏由上海广播乐团和上海舞蹈学校联合演出的交响音乐会。演奏了管弦乐曲《节日序曲》《森吉德玛》《晚会》《瑶族舞曲》及弦乐曲《二泉映月》、小提琴随想曲《洪湖赤卫队》，交响诗《人民英雄纪念碑》，还演奏了朝鲜乐曲《青川里田野的丰收》(管弦乐)。这些乐曲基本上都是"文革"前的乐曲，都十分动听悦耳。我现在对音乐的兴趣越来越浓厚了，简直有点如痴如醉了。

1977 年 5 月 29 日　多云　时有小雨　星期日

这两天电台里播放了挪威著名钢琴家拜克伦在上海演奏的音乐节目，诸如挪威作曲家格里格的《叙事曲》《抒情小曲》，伯格的《挪威舞曲》，莫扎特的《A 大调奏鸣曲》，贝多芬的《升 C 小调幻想曲》，和肖邦的夜曲、圆舞曲，还演奏了中国乐曲《绣金匾》。拜克伦的演奏水平是十分出色的，曾在国际上多次获奖。

我之所以在日记中不厌其烦地记录了我看过的电影名和舞蹈节目名、听过的乐曲名，多少还是因为有一些新鲜感。"文革"前，我还小，记得的一点点电影，在上文的电影院叙述中曾有触及。大部分的"文革"前电影,我并未看过,或者看过也淡忘了,虽然是旧电影,仍有一些新鲜感。不过相当部分的"文革"前电影,其实也是政治意识形态的演绎,编剧、导演和演员在这框架内做出了尽可能精彩的演绎,实属不易。而那些欧洲的音乐,我几乎都是初次听说、初次耳闻,虽然那时收音机的效果不可奢求,还是让我有耳目一新的感觉。

1978年4月到5月,上海又出现了一件大事,《法国十九世纪农村风景画》展览在上海展览馆展出了。换成今天,大概只是一次寻常的美术品展览,在当时,差不多轰动了全上海。1949年以后,西欧美术作品的真迹,大概就再也没有出现在中国观众的面前。而且大家都在纷纷谈论,美展中还有好几幅令人震撼的裸体画。这里还是抄录一天我的日记。

1978年5月20日　晴到多云　星期六

昨天一大清早,和成樑一起到黄陂路的美术展览馆去排了整整三个小时的队,经历了闹哄哄的倾轧,动荡的惊悸,才买到了一张《法国十九世纪农村风景画》展览的票子。今天下午,调休了半天,和成樑一同到上海展览馆去参观。

这个展览目前在上海十分受欢迎。展览厅里一共展出了八十一幅作品,分别代表了现实主义派、新古典主义派和印象派、野兽派等不同的艺术流派和风格，反映出了以库尔贝、米勒等杰出大师为代表的法国绘画艺术的辉煌成就。这些作品使我们感受到了法兰西乡村生活的浓厚泥土气息，这里有劳动的愉快、辛苦，也有婚礼的热闹和欢乐，有塞纳河畔的秀美景色，也有田野河谷的绮丽风光，其中给我印象最深的，要数《角牛》[1]《森林的一边》《割草工和姑娘》《田野的劳动》《收割的报酬》等画作。大约有三分之一的人携带了照相机来拍摄。展览厅里还专门有一些图片来介绍一些著名的画家的作品以及各流派的风格。另外，还有少量的裸体画。

这个展览到明天就要结束了。

我这里只是很轻描淡写地加了一句"另外，还有少量的裸体画"，其实，这些少量的裸体画，对包括上海人在内的中国人的冲击是很大的。几十年了，在所有的场域，几乎都没有裸体画出现。我记得展品中有一幅法国新古典主义画家安格尔的《土耳其浴室》，画面中众多的浴女，个个体态丰腴，整个身体纤毫毕露，使当时与世暌隔了几十年的中国人，感到十分的新奇甚至有些震惊，每每在此驻足良久。我对西方绘画乃至整个绘画艺术的喜爱，差不多也是从这次画展开始的。

在之前的六七年里，我差不多阅读了所有能够入手的中

---

[1] 原文如此，不知是否写错。——引者注

外书籍，各种名著差不多都有寓目，但毕竟还只是文字的阅读。良好教养的养成，需要文字与声光影像即视觉与听觉甚至嗅觉和触觉的共同作用。那个非常的时代，以各种政治学习、文件传达、大会小会的形式，耗去了我太多的宝贵的少年时光。如今，一个封闭的、压抑的时代，终于在渐渐地远去，然而它的物理和精神的力量，其实依然相当强大，以至于不少人（包括我自己），至今其实也未能真正摆脱它。它的阴影，其实并没有真正消失。想来也很正常，天空中不可能永远是玫瑰色。只要不是永远的乌云满天，我们的命运都不算太坏。

情况确实在渐渐地好起来。

1977 年 7 月 22 日　多云　星期二

下午来通知说，晚上有重要广播。大家便预料是党的十届三中全会召开。果然不出所料，三中全会 16 日起在北京召开，昨天已经闭幕。全会通过了三项决议：一，追认华国锋同志为中共中央主席、中央军委主席；二，恢复邓小平同志党内外一切职务；三，撤销王张江姚"四人帮"党内外的一切职务，永远开除其党籍。全会还公布，将在适当的时候，召开党的十一大。

公报一发表，整个上海城沸腾了。鞭炮声、锣鼓声响彻云霄。大街上到处都是欢乐的人群。这三项决议，确实说出了人民的心里话。人们尤其对恢复邓小平同志职务这一点，更是表示了由衷的高兴。……"四人帮"被打倒之后，人们热切地希冀邓公出来工作，上海和其他一些城市也曾出现一阵强烈要求邓公上台的呼声，如今总算是如愿以偿了。怎能不叫人欢欣雀跃呢？

为了使舆论走在前面，我决定编辑出版一期简报的号外，拥护十届三中全会的决定。小孙（重慰）热情地帮我的忙，使我很感激。这期简报有公报的内容摘要（根据晚上广播的记录整理），两委班子的讨论座谈纪要，欢庆全会召开的诗歌和散文等。由于套红，增加了编印的工作量，一切弄好后，已经是子夜了。后来李华也赶来帮忙。这期号外若无众人的鼎力相助，纵使我有三头六臂，也不可能这么快做出来。

1977 年 7 月 23 日　晴　星期六

上午全厂同志高举彩旗，手持标语杆，兴高采烈地在街上进行了庆祝游行。街上到处都是欢乐的游行队伍。每个人的脸上都是喜气洋洋的。锣鼓声、口号声、鞭炮声此起彼伏，不绝于耳。市委大厦和区委办公楼前的游行队伍络绎不绝。市和区的领导同志满面春风地迎立在大门前，向前来报喜的群众鼓掌致敬。无论是大街抑或小巷，到处都洋溢着欢乐的气氛。但可以明显地感觉到，这次庆祝没有粉碎"四人帮"初时的那种狂欢的情绪。一切都显得很有秩序。

下午，上海十万军民冒着烈日酷暑，在人民广场隆重集会，庆祝全会公报的发表。大会结束后，又举行了声势浩大的庆祝游行。

邓小平的复出，以及他后来成了中国的领导人，对中国后来的命运，具有决定性的意义。

1977 年下半年开始，中国的外交也逐渐打开了新局面，交恶很久的南斯拉夫（现已分为好几个国家）总统铁托，在这一年的 8 月 30 日到北京来访问，受到华国锋、邓小平等领导人的热烈欢迎，两国之间的关系急剧升温。一般民众最深切的感受，便是南斯拉夫的诸多电影和电视剧开始进入中国，《瓦尔特保卫萨拉热窝》《桥》等电影，开始出现在中国的银幕上，电台集中播放了南斯拉夫的音乐，还举办了南斯拉夫的画展，对我而言，则多了一个窗口看世界。9 月 3 日的日记记道：

上午与母亲同往沪光电影院[1]观看了《瓦尔特保卫萨拉热窝》。这是一部叙述南斯拉夫人民抗击德国法西斯侵略军的彩色故事片。影片内容丰富，情节曲折惊险，色彩柔和、清晰，是一部优秀影片，在上海受到了热烈欢迎，成了目前

---

[1] 开业于 1939 年，原名沪光大戏院，位于今天电信大楼南面的延安东路上，后拆除。——引者注

最热门的影片之一。

逐渐接触到的以前及外国的音乐和艺术，将我原本已萌芽于内心的"小资"情绪，又进一步地刺激起来。

1977 年 10 月 22 日　多云　星期六

晚上，父母和弟弟出去看电影了。一个人在灯下学绘画。许久，人感疲倦，打开收音机，电台里正在播送音乐节目，使人感到兴奋和诧异的是，竟是中国的一些著名的演奏家演奏的一些十九世纪欧洲的古典音乐作品，诸如肖邦的钢琴曲《D 小调革命练习曲》，李斯特的钢琴曲《第六号匈牙利狂想曲》，罗马尼亚的小提琴曲《云雀》《幽默曲》，舒伯特的《D 小调未完成交响曲》等。我打开窗子，伫立在窗前，静静地欣赏着美妙的音乐。时已深秋，晚风拂来，没有丝毫的寒意。河水静静地流淌着，四周一片寂静，空气中弥漫着湿润和温馨的气息，欢快跳跃的钢琴声和婉转抒情的弦乐声，在屋内荡漾着，缓缓地从窗口飘向窗外，消逝在静谧沉寂的河面上。

中学生的作文，大概很喜欢用这样的文字吧。我那时虽已上班，在思想上，也许较一般的中学生成熟一些，在情绪上，还完全是一个文学少年。

我决定去考大学

　　要说"文革"时代的荒唐，大概举一个例子就够了，那就是，从 1966 年开始，全国停止了通过考试进入大学学习的制度。后来有所谓的工农兵上大学，那是不用考试的（或者说主要录取的尺度不是各门功课的考试成绩），只是根据所谓的政治条件从工人、农民（主要是插队落户或在农场干农活的知识青年）、军人中录用合格的人员，三年制。这三年里，大概至少有一年以上是在政治斗争、政治批判、政治运动中度过的，真正的专业课程学习几乎形同虚设，再加上入学前没有真正的学科考试，每个人的基础参差不齐，有的人，大学的课程，基本上听不懂。中学生（那时将初中和高中捏在了一起）无法直接通过考试进入大学，毕业后直接进入工厂或农村。这样的情形，持续了十年以上。

　　1977 年 9 月，教育部决定恢复高考，通过各科目的考试，从社会上和应届毕业生中录取优秀者进入大学。上海地区的考试在当年 12 月 11 日进行，合格者在翌年的 2 月进入大学，所以"文革"后的第一届大学生，名义上是 1977 级学生，实际上是在 1978 年的 2 月入校的，本科生的话，则是在 1982 年的年初毕业的。1978 级学生开始，恢复了正常的秋季入学。

　　这在当时的中国，差不多是一件惊天动地的大事。在过去的十年中，人们基本上无法自主选择自己的命运，一切都是由强大的外力给你规定好的。有准备、有能力的人，终于有了选择自己命运的机会。1977 年，应届学生的学校教育还是很不完整的，而 1966 年、1967 年高中毕业的人，他们之前还是受过相对比较完整的学校教育的，如果尚未完全荒废，把过去学过的知识捡拾起来，做些复习，还是有较强的应试能力的。还有就是像我这一类的人，虽然没有受过良好的学校教育，但自己喜欢读书，多年来有了一点积累，也可以去尝试一下。

　　照理，这是一个人生再造的良机。但我没有跃跃欲试。在我父母看来，大学毕业以后的毕业分配，充满了重大的风险。那个年代，大学毕业，还是必须服从国家的分配。一个切身的典型例子，就是我的二舅，在同济大学土木工程专业苦读了五年之后，毕业那年，恰逢"文革"爆发，虽然万般的不愿意，还是被分配到了遥远的四川省西南边界的渡口，距上海的单程旅程几乎要一周左右。于是，包括我的外祖父母在内，家人们都视上大学为畏途。我那时好歹已经在工厂里有了一份稳定的工作，三年学徒期满后，月薪已有36元，名义上还做了厂长的秘书，算是坐办公室的，何必再去踏上不稳定、不确定的人生之路呢？ 1977 年下半年，我没有心动。

厂里有两位同事考上了上海科技大学。在嘉定，我去送行，一直送到了学校，看着大学的校园，我还是感到了诱惑。我小学、中学的两位最要好的同学，一位中学毕业后被分在了上海化工安装工程队，工作比较艰辛，基本上都是在户外作业，他学习极为刻苦，人又聪颖，为了改变人生，他选择了高考，但第一年却因为所谓家庭出身的问题而落选了。另一位同学，毕业后被分配到了奉贤的五四农场，为了脱离农村，他参加了高考，考入了上海教育学院。到了1978 年 6 月下旬，高考成了人们最热门的话题，茶余饭后，几乎整个社会都在议论高考。那个时候，整个国家在一点点接近正常，能进入大学者受到了社会普遍的青睐，人们慢慢意识到，未受过良好教育的人，恐怕会被未来的时代所淘汰。我有点坐不住了，环顾四周，前思后想，决定也去试一下。但那时已是 6 月底，再过一周就要考试了，我都没有报过名，也没有任何的准备，就计划明年参加。

我觉得自己稍微擅长的，大概就是中文专业吧，一开始的目标是中文系。在此前的一年多时间里，我按照计划，通过中学语文老师陈老师的指导和自己自学，已经攻破了文言文，可以不借助注释阅读一般的文言文文献。按照自己的自学计划，我要在夏季开始自学英语。其实我在 1974 年就曾跟着广播讲座学过英语，没有坚持下来。这时上海的英语广播讲座，初级班正进入音标总复习，于是我就在这时候跟了上去，在很短的时间内掌握了国际音标，然后跟着教科书跟着广播学习。说起来，我自学文言文和英语，都没有明确的目标，不是为了考大学。我只是觉得，中国在两千多年中，积存了如此丰富的古典文献，这是文化的瑰宝，我应该从中去汲取营养，来丰富充实自己的人生，对于提升自己的写作水平也是极有裨益的。至于学习英语，我那时已通过译文阅读了很多外国名著，我很羡慕那些懂得外国语的人。郭沫若、郁达夫，都是可以熟练使用两种以上外国语的人，徐志摩、林语堂、梁实秋等，不仅有出色的译作，还可以用英语自由写作，风神潇洒，让我艳羡不已。我觉得，有了外文能力，不仅能做更多的事，而且自己的人生也会变得更加丰富有趣。于是在初步掌握了文言文之后，我就着手学习英语。

不过，说实话，那时上海的广播英语讲座，真的不如人意。教员是工农兵学员出身（那时政治正确还是极为重要的），发音生硬，教科书还残留着浓厚的"文革"色彩。我迄今还能很流利地说出 "never forget class struggle"（千万不要忘记阶级斗争），"In agriculture, learn from Dazhai, In industry, learn from Daqing"（农业学大寨，工业学大庆）这样的句子，就是拜其所赐。甚至还学了毫无用处的 "bare foot doctor"（赤脚医生）这样的词。那时我的大舅在一家毛纺织厂里担任总务科长，兼管教育，他看我学英语如此投入，就对我说，厂里有一套新进来的全英语的灵格风唱片和教科书，可以借用。于是我就用自己一个多月的薪水，去购买了一台电唱机，可以放塑料薄膜唱片，49元。灵格风是英国的教材和发音，所以，我早年学的是英式发音。还去一位原先在局里七二一工人大学写作班的同学俞海伦那里求教，她之前考入了上海外国语学院英语专业，又有家学渊源，原本英语就很好，进校以后如虎添翼，水平提高迅猛。小俞也是英式发音，纯正好听，听她说英语，真是一种享受。我还借来了"文革"前的高中英语课本来做补充。那个时期，我学英语已到了如痴如癫的境地，上下班来回步行的路程上，口袋里放着一本手抄的英语词汇本，一路口中念念有词，旁若无人。甚至洗衣服的时候，也在背单词。那一年我二十二岁，记忆力和语言模仿力还不是太坏。我是完全陶醉在其中了，并无特别的功利目的。这样痴醉的感觉，在以后做学术研究的时候也有过，不过，其时多少已有功利色彩了。

在白天要工作的情况下，我英语学习的进步程度，连我自己也觉得有点惊讶。据 1978 年年底日记中的统计，初步掌握了 1500 个单词、100 多个句型、100 多个词组和 8 种时态。那时我的头脑还算清楚，没有太狂妄，12 月 31 日的日记中记道："我绝不可得意忘形，从而低估了自己的差距。应该说，现在我连入门这一步也没有达到。仅就达到入门这

学英语到了
如痴如癫的境地···

在上下班路上读手抄的英语词汇本，
一路口中念念有词，旁若无人

一步，我还需花费很大的功夫。我所掌握的词汇、语法和句型是极其有限的，而且还相当不稳固，对于这一点，我必须要有清醒的认识。"因是自学，所以最弱的还是听力和口语表达。这两点，仅仅靠自学，很难突破，最好能在学校里接受专业训练。于是，我萌发了一个狂妄的念头，不考中文系了，改考外文系，攻读英美文学。

从翌年开始，我继续跟随广播英语学习中级教材。还通过考试进入了四川南路上的黄浦区业余工人大学科技英语班（没有普通英语班），因我的成绩不错，被编入程度最好的（1）班。教材用大连海运学院编的《基础英语》，内容都是围绕工科的，我不喜欢，但我颇喜欢我们的老师，4月15日的日记中这样记道：

　　教师是一位姓彭的中年男子，白净的皮肤，高高的鼻子，模样儿不差，只是两条浓眉似乎相距太近了。彭老师的发音很好，很准确，且音色也优美动听，他上课时基本上都讲英语，这是个很好的练习听力的机会。彭老师在英语方面也具有一定的造诣，只是不大容易亲近，似乎也不大乐意帮助同学。

　　业余工大的学习完全是在夜间，还有周日的半天。我在班里认识了一位同学，徐鹤林，比我小一岁，在市轻工业局做木工，我们戏称他小木匠。他住在距离业余大学咫尺之遥的永安街上，他想通过考大学来改变自己的命运，学习很刻苦，人也忠厚，我们成了学友。我后来还去报考了一个卢湾区文化馆的英语会话班，教材用《英语900句》，但教师不理想，据说是上海外贸学院毕业的，三十岁前后（我估计是工农兵学员），发音解说都让我失望，令我兴趣大减。临近考试时，匆忙找来了这一年高中的有关教材，突击复习了一下，就贸然去考试了。也许是考试前后太紧张太疲惫的缘故，有二十来天没有记日记。

我们的试场设在近宁波路的贵州路上的培光中学内，这里的主要建筑，就是以前赫赫有名的公共租界的老闸巡捕房，五卅惨案的发生，就与此有关。原本正门开在南京路上，惨案发生后，正门改在了贵州路上，主建筑的红砖楼今天仍然留存着，只是外貌有点变样，中央的塔楼后毁损了。我父母依然不很支持我考大学，家里也无任何特别的优待，三天的考试，都是我一个人来回，步行，且不舍得在外面吃饭，上午考完试，走回家吃午饭，下午再去考。7月7日考语文、历史，第二天考数学、地理，第三天考政治、英语。至少截至我这一届（1979级），考非外语类专业，英语不计分，仅作参考；考外语专业，数学不计分，仅作参考。我数学一直不怎么样，考试的那一天，人有点发烧，就借口不去考了，心想反正也不计分。考外语专业，还另有一门口试，是要到上海外语学院专门去考的。我记得考试的形式是，按要求时间到达指定的教室，临考前五六分钟，给你一张纸，

我们的试场培光中学，老闸巡捕房建筑就在这里

上有一篇英语短文，让你坐在教室外准备。然后把你叫进教室，收去有短文的纸。考台一边，坐着五位老师，问你四个有关短文的问题，一个短文外的问题，全程英语。五六分钟后退出。

我的准考证号是514373。最后成绩单出来了，政治72分，语文68分，历史74分，地理79分，英语74分，总分367分。我最得意的语文只得了最低的68分，我知道，是作文的审题出了问题，严重偏颇了。从来没有专门学过（但一直很喜欢）的地理，得了最高的79分。徐鹤林的总分是356分，比我低11分。那时好像总分290分就可进入本科了。我的考分现在看来相当普通，在当时却是高分了，可以进入全国重点大学（那时当然还没有211、985）。

我与徐鹤林的第一志愿都是复旦大学外文系英语专业。8月19日，市里动员我们补填外地院校。我填了一个北京国际关系学院（已听说这所学校是内部招生，对外不录取）和杭州大学（属于一般院校）。杭州大学我也愿意去的，主要是杭州我愿意去，我很喜欢杭州。结果复旦的志愿，我和徐鹤林双双落榜。不久，调配的学校来了，我是北京语言学院（现北京语言大学）外语系日语专业，徐鹤林是北京大学西语系法语专业。都是我俩不愿意去的北京。经过一番商议后，我俩决定放弃，准备翌年再搏一下。不久传来消息，说是若不服从国家的调配，翌年取消高考资格。这下我俩懵了，手足无措。犹豫了很长时间。向双方的调配学校谎称家里有要事，无法准时报到。9月14日，在彷徨了许久之后，我俩很不情愿地一起登上了北行的列车，距离要求报到的日期，迟到了一星期。

　　出发点，是现在已废弃了的北站，有三十几位家人、亲戚、同事、同学来送行。乘坐的，是下午五点一刻发车的14次特快列车，硬座，行车时间19个小时，这是当时京沪线上最快的列车了。北京返上海，是119次普通快车，23个小时。当然也是硬座。这是我第一次出远门，且是遥远的北方，内心有点寂寥，夹着些许苍凉。翌日天亮，火车进入山东境内后，内心的苍凉变成了凄楚，满眼都是发黄的秋草在干冽的秋风中摇曳（上海出发时，都还没怎么感觉到秋意），有些光秃秃的岩石山，以及有些陌生的高高的玉米地（就是以前小说中读到的青纱帐），鲜嫩的绿色变得珍稀起来。黄河，也只是一条不算宽（感觉上全然没有黄浦江的浩荡气象，遑论长江）的水色浑黄的普通河流。唯有14次列车（上海车组，可通行上海话）上的餐食，给了我们很大的慰藉。一份大排红肠盖浇饭，用盘子装的，两角三分，很可口。幸好还有徐鹤林做伴。说来不怕人笑，我这一辈子，口袋里还从来没有装过大钱。夏天没有外衣口袋，母亲只能把八十元钱的纸币，放入我的平角内裤的口袋内，用针线缝上，原本在屁股后面的口袋，穿在了前面。

　　到达北京的翌日，我到北大去访徐鹤林，结果他去了天安门，我一个人无聊，就独自到了距离北大不远的颐和园散步。在昆明湖畔，邂逅了上海来的刚刚踏入北京国际关系学院的傅禄永，熟悉的乡音把我们连在了一起。两人竟然在日记中都叙及了此事，且这些纸写的页面，都保留到了今天，于是我们的友谊也一直持续到了今天，四十五年了。

后来得知，1979级的考试，竞争率最高，录取率是报考人数的6%。

现在想来，北京的四年大学生涯，还是非常值得，很有意义的，丰富了我原本很贫瘠的人生履历，拓开了我知识的界域。语言学院的校园和氛围，所有的邂逅和遭遇，都培育了我心灵的成长，那里，是我的一个多彩的青春场域。日语专业的学习，后来竟改变了我的人生进路。

北语与北大相距比较近，我与徐鹤林常相往还。我还骑着自行车去北大旁听了一学期的"欧洲文学史"课。鹤林毕业后娶了一位家在巴黎的温州姑娘，两人一起去了法国，就杳无音信了。

结　语

　　历史，总会翻篇，个体的生命，也必定会消失和湮灭。但人们总希望以各种各样的方式为自己长期生活过的这个场域，留下一点或深或浅的印痕。无数的鲜活的记录（包括影像和声响），之后就连缀成了一部地域的社会生活史，最终，成为人类历史长河中的一部分。这样说来，上海这座都市，大概是全中国最活色生香的场域之一了。

　　据我所知，从 20 世纪 40 年代后期至 80 年代前期，就城市的建筑和街道而言，上海在这三十余年的风霜中，几乎没有大的改变（城市的边缘，有局部的工人新村的出现）。从轮廓和整体的相貌上来说，岁月似乎在这里停下了脚步，上海，以一座都市而言，似乎在世界激荡的风云中，沉寂、停滞了下来（其间也获得了不俗的工业成就）。80 年代中期开始，上海进入了一个新的发展年轮，90 年代以后，呈现出了突飞猛进，到了今天，整个城市，已发生了全新的变局，难以计数的老房子在近四十年的烟尘（但没有任何一丝战火的硝烟）中，完全失去了它们昔日的身影，甚至相当部分的老的街坊里弄，也从新上海地图中被轻轻地抹去了。回首我孩童和少年时的行迹，许多的有形物，已经荡然无存、无迹可寻了。我希冀借助追忆的文字，保持住一点点这座城市的内在脉络，留守住一点点昔时的日常风景，当然，还有一点点自己的前尘往事，让今天还算年轻或不很年轻、会说上海话或不会说上海话的上海人，通过这些文字，多少还能捕捉到几许半个世纪前的上海的风影和吉光片羽，感受到那个时代的一点独特的气息。

这是我写作这本小书的主要动机。

我是在书稿全部完成之后，才看到出版社提供的 1947 年出版的《上海市行号路图录》的，上面有吴淞路 658 号周边的详细图示，就道路而言，与我童年时代毫无二致，现请出版社将这一页影印件附在了书上。20 世纪 60 年代，我还没有写日记，人的记忆难免有误，道路部分（好在这部分的文字基本无误），若有错讹，以图示为准。

普鲁斯特的《追忆似水年华》，写的是一百多年前巴黎上流社会灯影璀璨、觥筹交错的宏大场景，以及一个贵族文学少年的丰富而又慵懒的心灵世界、内心意识的舒缓流淌和激荡跳跃，文辞华美绚丽，情绪庸倦散沓。我的这本小书，则是一个物质和精神世界都相对贫瘠的都市平民少年的一点日常叙事，格局狭小，场景平庸，与《追忆似水年华》的一个更大的差别是，它是一部 nonfiction（非虚构），没有任何的幻思冥想，也没有任何的杜撰和虚构，只是一部平铺直叙的实事实景的纪录，读来也许有点无趣，这一点，还请各位读者谅鉴了。

2024 年 6 月 6 日

图书在版编目(CIP)数据

魔都往事/徐静波著. —上海:上海人民出版社,
2024
ISBN 978 - 7 - 208 - 18906 - 5

Ⅰ.①魔… Ⅱ.①徐… Ⅲ.①上海-地方史-史料
Ⅳ.①K295.1

中国国家版本馆 CIP 数据核字(2024)第 089812 号

责任编辑 张晓玲　张晓婷
封面设计 陈绿竞
插图绘制 上海绽竹文化传媒有限公司

魔都往事

徐静波　著

出　　版　上海人民出版社
　　　　　　(201101　上海市闵行区号景路 159 弄 C 座)
发　　行　上海人民出版社发行中心
印　　刷　上海盛通时代印刷有限公司
开　　本　890×1240　1/32
印　　张　7.5
插　　页　6
字　　数　140,000
版　　次　2024 年 7 月第 1 版
印　　次　2024 年 7 月第 1 次印刷
ISBN 978 - 7 - 208 - 18906 - 5/K・3374
定　　价　60.00 元